나는 꿈꾸는 경찰관입니다

나는 꿈꾸는 경찰관입니다

초판 1쇄 2022년 07월 21일
초판 2쇄 2023년 12월 01일
지은이 이상희 | **펴낸이** 송영화 | **펴낸곳** 굿위즈덤 | **총괄** 임종익
등록 제 2020-000123호 | **주소** 서울시 마포구 양화로 133 서교타워 711호
전화 02) 322-7803 | **팩스** 02) 6007-1845 | **이메일** gwbooks@hanmail.net
© 이상희, 굿위즈덤 2022, *Printed in Korea.*
ISBN 979-11-92259-29-1 03190 | 값 15,000원

늦깎이 수험생의 좌충우돌
경찰 되기 프로젝트

나는 꿈꾸는 경찰관입니다

이상희 지음

굿위즈덤

내가 두 번째 책을 쓰게 된다면 에세이를 써야겠다고 생각했다. 첫 번째 책『현직 경찰관이 알려주는 학교폭력 대처법』은 독자에게 학교폭력 대처법을 전달하려는 목적으로 집필했다. 5년 동안 여성청소년과에서 학교폭력과 청소년 선도, 보호 업무를 하며 겪은 경험과 깨달음을 집약적으로 담았다.

막상 나의 경험을 토대로 에세이를 쓰려고 하니 부끄럽고 오글거렸다. 남들에게 어떻게 비춰질까 걱정하는 마음에서였다. 스스로 표현력과 문장력이 약하다고 생각했다. 그래서 독자가 내 이야기에 얼마나 공감하고 위로가 될 수 있을지 염려되었다. 하지만 진솔하고 편하게 이야기하듯 글을 쓴다면 독자와 마음으로 통할 수 있다고 생각했다. 그래서 염려는 붙잡아 두고 용기내어 써내려갔다.

1장에서는 20대 수험생 시절 이야기와 늦깎이로 경찰에 합격 후 겪은 중앙경찰학교 생활 그리고 내적 방황과 뒤늦은 자아성찰에 대해 적었다.

2장에서는 안정적인 직장에 다니기만 하면 행복할 것으로 기대했지만 현실은 그렇지 않다는 것을 깨닫고 앞으로 인생을 어떻게 살아야 할지, 무엇을 해야 행복할지 고민하고 도전했던 경험들을 다루었다.

3장은 직장생활기로, 경찰에 임용된 후 파출소 · 지구대, 경찰서, 시 · 도청에서 근무하면서 일과 인간관계를 통해 겪은 일들과 깨달음을 담았다.

4장에는 오늘보다 나은 내일을 위해 묵묵히 내가 있는 자리에서 최선을 다하고 행복한 미래를 꿈꾸고 성장하는 삶을 살아가고자 하는 나의 의지를 녹여내려고 했다.

밥벌이를 하기 위해 선택한 공무원의 꿈을 경찰로 이루었다. 처음부터 경찰에 뜻을 두지 않아서 더 그랬을까. 신임 때는 이직을 할 생각도 많이 했다. 조직생활에 적응이 되면서 차츰 경찰생활도 안정이 되기 시작했다. 그냥 해야 하는 일이 아닌 남을 도와주는 일을 하고 있다고 생각하면서 보람을 느끼기 시작했다.

10년 동안 돌고 돌아 비로소 천직을 찾은 게 아닌가 생각하기도 한다. 늦게 들어갔으니 더 감사하며, 열정적으로 일하라는 하늘의 뜻인가 싶다. 이제는 남은 경찰생활이 두렵고 불안하지 않다. 역경과 고난에 대처하는 법을 스스로 깨우치며 성장해가고 있기 때문이다.

수험생들에게 내가 겪은 경험과 깨달음을 나눠 용기와 희망을 주고 싶다. 경찰 선배들과 후배들과는 나의 이야기로 공감을 주고 다 같이 성장하는 멋진 대한민국 경찰관이 되어보자고 전하고 싶다. 지금 이 시간에도 국민의 생명과 신체, 재산의 보호를 위해 치안현장에서 본분을 다해 열심히 근무하는 선배, 후배님들에게 감사와 존경의 마음을 드린다.

2장

나는
꿈꾸는
경찰관입니다

3장

조직생활로
진짜
어른 되기

4장

나는
오늘보다 나은
내일을 꿈꾼다

1장

늦깎이
경찰공무원이 되다

01

공시생 10년
해봤어?

대한민국에서 공무원은 예나 지금이나 정년까지 다닐 수 있는 안정적인 최고의 직장이다. 우리 부모님 세대는 공무원이 안정적이긴 했지만 보수가 적어 인기가 없었다고 했다. 이후 IMF를 겪고 다니던 직장에서 해고를 당하니 사람들은 불안정한 고용시장에서 안정적인 공무원을 선호하게 되었다. 2000년대 들어서부터 해마다 공무원 준비생들이 늘어났다. 너도나도 안정적인 공무원을 꿈꾸다 보니 우리나라의 미래가 안 보인다고 하는 사람들도 있었다.

최근 공무원 시험 경쟁률과 관련된 기사를 보았다. 여느 때와 사뭇 달랐다. 인사혁신처 자료에 따르면 2018년 국가공무원 9급 공채시험 경쟁률이 41:1이었던 반면 2022년도에는 29:1로 눈에 띄게 줄어든 모습을 볼 수 있었다. 경쟁률 감소 이유로 적은 임금과 만만치 않은 업무강도 등 다양한 분석을 내놓고 있지만 코로나19로 인해 변화된 부분도 있을 것 같다. 취업 준비생들이 예전과 다른 사회적 분위기에서 다른 직업선택을 하는 것이 바람직해 보이기도 한다.

공무원 시험 준비생의 약자 '공.시.생.' 내가 공시생의 길로 접어든 건 졸업한 후 2014년도였다. 회상해보면 난 별 생각 없이 '대학교는 졸업만 하면 된다'는 위험천만한 생각으로 학교를 다녔던 것 같다. 학교에서 토익점수, 자격증도 없이 졸업장만 달랑 갖고 나왔다. 요즘 같이 취업난에 허덕이는 취준생들에겐 언감생심이다. 나는 3학년이 지나고 4학년 때부터 슬슬 진로에 대해 고민하기 시작했다. 현실적으로 당시 내 스펙으로는 공무원이 최선의 선택이고 나의 길이라고 생각했다.

일반행정직 공무원 하면 대부분 바로 동사무소에서 근무하는 직원을 떠올린다. 그때그때 민원처리하며 들어온 일들을 수동적으로 처리하기 때문에 크게 스트레스 받을 일도 없어 보였다. 내 성격이 내성적이고 적극성이 떨어지는 성향이었기에 겉보기에는 업무가 맞을 것 같았다. 또한 부모님도 공직에 계셨기 때문에 보이는 게 그것뿐이라 자연스럽게 안정적인 직장에 들어가야겠다고 결심을 굳혔다.

중학교부터 대학교까지 같은 학교를 다닌 친한 친구가 있다. 대학교 졸업 후 친구와 함께 일반행정직 공무원 학원에 등록했다. 친구도 안정적인 직장을 원했기 때문에 둘의 뜻이 맞아 공부를 시작했다. 노량진 학원까지 인천1호선을 타고 다니며 수업을 들었다. 그리고 집 근처 독서실에서 공부를 시작했다.

어느 날 갑자기 귀 옆쪽 턱관절이 콕콕 쑤시기 시작했다. 가만히 있어도, 책을 보려고 고개를 숙여도 계속 욱신거려서 공부에 집중을 할 수가 없었다. 나는 치과병원 몇 군데를 알아본 후 종합병원에 있는 치과에 예약해서 진단을 받았다. 의사는 엑스레이 판독 결과 악관절 장애라고 했다.

'이게 무슨 날벼락 같은 소리야.'

이를 악무는 습관, 잘 때 이갈이, 딱딱한 음식을 씹는 것 등이 원인이라고 했다. 그리고 혀 안쪽에 가로줄이 생기는 것은 이를 악물고 자서 그렇다고 한다. 그러고 보니, 할머니 생전에 할머니와 같은 방에서 잤는데 할머니께서 내가 종종 이를 간다고 말씀하시곤 하셨다.

나도 모르는 무의식적인 나쁜 행위들로 턱관절 연골이 얇아진 것이다. 연골에 염증이 생겨 통증을 유발했다. 다행히 치료가 가능하다고 했다. 치료법으로 스플린트(마우스피스와 유사)를 식사 때만 제외하고 계속 끼고 있어야 했다.

통증을 없애고 집중해서 공부를 하기 위해서는 빨리 제작해 끼고 다녀야 했다. 그때 부모님께 정말 죄송했다. 왜냐하면 스플린트 비용이 당시 60만 원이나 했기 때문이다. 그래도 통증을 줄이기 위한 보조장치는 필요하기에 부모님께 말씀드려 끼고 다녔다. 그리고 딱딱한 음식을 피해야 하기 때문에 유동식으로 먹었다. 두부, 부드러운 빵만 주로 먹었더니 한 달 만에 살이 쪽 빠져버렸다. 의도하지 않은 다이어트라 그런지 볼품없는 모양새였지만 몸은 가벼웠다.

통증 때문에 아무래도 책에 집중할 수가 없었다. 하지만 남은 수업은 들어야 해서 눈물을 머금고 학원에 다녔다. 나는 수험생 초반엔 강의실에서 주로 맨 앞자리나 두세 번째 자리에 앉곤 했다. 그날은 맨 앞에 앉아서 수업을 들었다. 스플린트를 끼면 입술을 의식적으로 오므려야 스플린트가 보이지 않는다. 수업 중 교수님과 판서를 보기 위해 얼굴을 든다. 그러면 나도 모르게 입이 벌어져 있는 상태가 됐다. 벌어져 있는 내 입술 사이로 보이는 투명한 스플린트를 응시하시는 교수님과 눈이 마주쳤다. 교수님의 시선과 얼굴표정은 아직도 잊을 수가 없었다. 정말 민망했고 부끄러워 강의실을 나가고 싶었다.

두 달 동안 수업을 들은 후 나는 더 이상 행정법, 행정학 책을 보지 않았다. 아픈 이유도 있었지만 조금 접해보니 행정법, 행정학이 나에게는 너무 추상적이었고 재미가 없었다. 몇 달간의 일반행정 과목 수업체험은 고달프게 끝나버렸다. 어두움에 끝이 보이지 않는 터널과 같은 수험생활의 첫 걸음이 이렇게 시작되었다.

아픈 턱을 치료하며 공부에는 손 놓고 있었다. 어느 날 같이 공부했던 친구가 법원직 공무원 시험을 볼 거라고 했다. 법원직 9급 공개채용에 합격하면 법원서기보부터 시작한다. 나는 앞으로 어떻게 해야 할지 고민하던 차였다. 친구의 말을 들은 후 새로운 마음가짐으로 공부를 다시 하고 싶었다.

9급 일반행정직 과목과 다른 점은 법원서기보 과목은 필수 세 과목인 국어, 영어, 국사에 법 다섯 과목인 형법, 형사소송법, 민법, 민사소송법, 헌법으로 총 여덟 과목이다. 솔직히 일반행정 다섯 과목에서 세 과목을 더 추가하면 부담되는 건 사실이다. 합격까지 걸리는 시간이 더 길어질 수도 있었다. 더구나 법원서기보 공부하는 수험생들은 각 대학의 법학과 전공자들이 꽤 많았다. 법 지식이 전무한 내가 합격 가능할지 의구심이 드는 게 솔직한 심정이었다. 하지만 어차피 수험공부는 자기 자신과의 싸움이다. 그 당시 나에게는 무엇이든 시도가 중요했던 시기라고 생각했다.

내 나이 스물여섯 살. 법원직 공무원 준비를 시작했다. 과목이 많아서 오전, 오후 내내 수업을 들어야 8과목 수업을 3개월 내 1회독을 끝낼 수 있었다. 추운겨울 어두운 새벽 노량진에서 수업을 들으려고 전철을 탔다. 오후 수업이 끝나면 해가 졌다. 집과 학원을 오가는 루틴의 연속이었다. 원래 수험생활은 철저히 외롭고 자신과의 고독한 싸움이라고 생각했다.

그런데 내 수험생활을 길게 만든 또 다른 복병을 만났다. 턱관절이 얇아진데 이어 이젠 왼쪽 발목 인대가 늘어났다. 헌법, 민법 등 기본서의 두께가 한두 권으로 분권할 정도로 두껍다. 전철 타고 다니면서 가방에는 두세 권의 책을 가지고 다녔는데 무게가 화근이었는지 언제부터인지 왼쪽 발목이 쑤셨다. 계속 아파 정형외과에 가서 엑스레이를 찍었다. 의사가 인대가 늘어나서 빨리 나으려면 깁스를 해야 한다고 했다.

'왜 나한테만 이런 일이 있지. 공부를 하지 말라는 소린가.', '깁스하고 목발 짚으면서 학원에 어떻게 다니라고!'

기분이 착잡했다. 그래도 빨리 회복해야 해서 전체 깁스는 하지 않고 반깁스만 하기로 했다. 그리고 최대한 책을 분권했고 발목에 무리가 가지 않게 힘주지 않고 뒤뚱거리면서 학원을 다녔다. 그 후 찾아온 슬럼프로 내 수험생활은 또 길어져만 갔다.

보통 공무원 공개채용시험을 준비하는 수험생이 합격하기까지 급수와 개인차가 있지만 집중해서 공부할 경우 짧으면 6개월에서 1년, 보통 2~3년 정도면 합격한다. 주변을 보면 대개 그렇다. 그렇지 못한 경우로 경제적으로 여의치 못해 수강료, 고시원비를 벌기 위해 알바를 하면서 공부하는 경우 수험기간이 길어질 수 있다. 또 노량진은 술집, 노래방, PC방이 많아 공부에 지쳐 놀거리의 유혹에 빠지면 단기합격이 어려워진다.

나는 내가 오랜 수험생활을 할 것이라고 꿈에도 생각을 못했다. 당연히 긴 수험생활에는 갖가지 이유가 있다. 죽기 살기로 공부하면 붙지 못할 시험이 없다. 당시 나의 의지력은 통증이라는 육체적

고통에 굴복했다.

　누구나 수험공부를 하면서 시련과 고난에 빠질 수 있다. 빠져나오는 시간도 사람마다 다르다. 나는 10년이라는 세월이 지나고 공무원이 되었다. 그것도 애초에 고려하지 않았던 경찰로 말이다. 하지만 결국 공무원이 되었다. 내가 이 글을 쓰는 이유 중 하나는 수험생들이 나의 사례를 반면교사(反面教師) 삼아 빠르게 합격하길 바라는 마음에서이다.

02

수험생에게는
아픈 것도 사치다

"선생님, 안녕하세요."

"안녕하세요. 이상희님, 오늘은 어디가 편찮아요?"

20대에 단골로 다닌 정형외과와 한의원 선생님과의 대화다. 20대부터 관절 약골인 탓에 양방과 한방병원을 골고루 섭렵했다. 단골 병원뿐만 아니라 '어디가 좋다더라.' 하는 동네 어르신들이 많이 찾는 병원도 다녔다. 이상하게 돌도 씹어 먹을 젊은 나이에 병원을 내 집 드나들듯 다닌 것 같다.

  나의 관절 수난은 스무 살 때부터 시작되었다. 한 학기 동안 찐 살을 빼겠다고 방학 기간 스쿼트를 시작했다. 엄청 격렬한 운동이 었다. 작은 공간에서 공을 치겠다고 오른쪽으로 왼쪽으로 앞으로 뒤로 빠른 속도로 방향을 바꿔 움직였다.

  무릎을 계속 쓰다 보니 관절에 통증이 오기 시작했다. 연골에 염 증이 생겨 치료를 받아야 했다. 정형외과에서 물리치료를 받고 한 의원에 가서 부항 뜨고 침도 맞으면서 차도가 있었다.

  무릎이 많이 좋아질 무렵이었다. 영어 과외를 하면서 번 돈을 모 아 처음으로 친구와 해외여행을 가게 되었다. 동남아 5박 6일 일 정으로 그중 한 나라인 태국에 갔다. 패키지라 일정에 따라 여행 을 하는데 현지의 어떤 한의원에 들어갔다. 여행객에게 아픈 부위 를 말해주면 침을 놓아주겠다고 했다. 나는 말할까 말까 망설이다 가 무릎이 아프다고 말했다. 그랬더니 한의사가 10cm나 되는 침 을 가져오는 것이었다.

'나 무릎 망가지면 어쩌지', '이 큰 침을 어떻게 꽂는다는 거지?', '설마, 안 좋은 걸 해주겠어?' 순간 여러 생각들이 머릿속에 떠다녔다.

그 10cm나 되는 침은 무릎 연골을 관통했다. 몇 분이 지나고 뺐는데 이상하게 아프지는 않았다. 지금 생각해도 끔찍한데 그땐 안 하겠다는 말도 못했다. 내가 무릎이 약해 뭐든지 해볼까 해서 그랬을 수도 있다. 순수한 건지 바보 같은 건지 아무튼 결과적으로 득도 없고 해도 없었지만 지금이라면 분명 안할 것이다. 나름 이상한 체험을 하지 말자는 교훈을 얻었다.

나는 외관상 보면 전혀 아프지 않고 건강해 보인다. 그래서 한편으론 억울하다. 얼굴이 하얗고 여리한 몸이면 그렇다 쳐도 다부지고 튼튼해 보이는 몸이라서 내가 관절이 아프다고 이야기를 하지 않는 이상 남들은 고통을 잘 모른다.

지금 남들한테 이야기하면 잘 믿지 못하겠지만 초등학교 때는 거의 학년마다 계주를 할 정도로 신체적인 면에서 나쁘지 않았다.

솔직히 허약체질은 아니다. 단지 연골, 디스크 등 관절 사이가 약할 뿐이다. 선천적으로 타고난 것 같다.

어느 병원이었는지 생각나지 않지만 그 때 의사 선생님이 인구 10% 정도 관절이 특히 약하게 태어난 사람들이 있다고 했다.

'왜 하필 안 좋은 10%에 내가 들어가 있는 거야.'라며 한숨 쉬었던 기억이 난다.

선천적으로 약하다고 믿은 이유가 단지 무릎, 턱관절 통증과 발목 인대가 늘어난 일 때문만은 아니다. 한번은 왼쪽 바깥손목에 통증이 왔다. 쑤시고 저린 증상이었다. 조금의 통증이라도 있으면 거슬리고 아픈 것을 가만히 두고는 못 참는 성격이라 바로 정형외과에 갔다. 검사해보니 인대에 염증이 생겼다고 했다.

곰곰이 생각해보았다. 나는 책에 밑줄을 그을 때 자를 대고 그었다. 그때마다 손목이 위쪽으로 꺾였다. 그래서 그런 것 같았다.

'남들은 자 대고 잘만 그어도 안 아픈데 나만 또 아프네.'

종종 친구가 합격 소식과 더불어 안부를 묻는다. 그때마다 어딘가 아파서 친구에게 아프다고 말했다.

"또 아파? 어디가 아파?", "아이고 우리 상희."

스무 살 때 무릎부터 시작된 통증이 주기적으로 온몸 마디마다 옮겨 다니는 것 같았다. 턱관절, 발목, 손목에 이어 오래 앉아 있다 보니 목, 허리까지도 통증이 왔다. 주사 등 약물치료도 받고 목과 허리 견인치료를 동시에 받기도 했다.

법원직렬 공부를 시작하고서도 몇 년 동안을 아프고 낫기를 반복했다. 아플 때마다 공부의 연속성이 끊어져 슬럼프가 왔다. 공부를 하다 말다 반복했다. 합격은 해야 했지만 몸과 마음이 따라주지 않았다. 그러는 사이 주변에서 공부하던 지인들이 합격해서 근무하고 있다는 소식이 들렸다. 같이 법원직 공부를 시작한 친한 친구도 고생 끝에 합격했다. 친구에게 당연한 결과였고 정말 기쁘게 축

하해 주었다.

합격한 사람들은 운이 좋아서 붙었다고 하지만 운도 실력이다. 실력이 쌓여야 좋은 운이 들어오기 때문에 집중과 부단한 노력 없이 합격은 불가능하다.

나는 그만큼 공부에 집중하지 못했기 때문에 결과에 승복했다. 수험생활이 길수록 결과가 좋다는 보장이 없다. 10년을 공부해도 합격이라는 결과를 얻지 못하는 사람들도 꽤 있다. 그렇게 되면 스스로 포기하고 어쩔 수 없이 다른 일을 찾을 수밖에 없다.

관절 아픈 게 큰 질병도 불치병도 아닌데 통증이 대수라고 공부를 열심히 안 했냐고 타박할 수도 있겠다. 혹자는 부모님이 용돈 잘 주고 지원해주니 절박하지 않아서 그런 거라고 말할 수도 있다. 나는 그런 이야기도 사실이니 부인하지 않는다.

단지 빠른 합격에 미치지 못한 약한 의지력에도 불구하고 나름 최선을 다했고 결국 합격했다는 사실이 중요하다고 생각한다.

'나는 왜 이렇게 태어났을까?' 한탄하고 자기를 비하하기보다 나쁜 습관을 바꾸려는 노력이 필요하다. 나는 아플 때마다 아프지 않기 위해 노력했다. 무릎, 발목 등 통증으로 고생할 때마다 진단을 받고 치료를 받았다. 원인이 무엇인지, 예방하는 방법이 무엇인지 책을 찾아보고 실천했다. 내가 건강해야 공부도 하고 살아갈 의욕이 생기기 때문이었다.

수험생에게는 아픈 것도 사치다. 묵묵히 지원해주시고 떨어졌을 때마다 다음에 합격하면 된다고 말씀해주시는 부모님께 감사하면서도 항상 마음이 무거웠다. 수험생임에도 아프다는 핑계로 변명 아닌 변명을 둘러대며 보냈던 시간들이 누추하기도 했다. 괴롭고 힘든 시간이었지만 지나고 보면 나를 단단하게 해준 시절들이었다.

03

인생의 전환점,
경찰 수험생으로
전향하다

수험생활 10년 동안 공부만 한 것은 아니었다. 공부하다 세월만 보내는 것 같아 다른 일들도 경험해보기로 했다. 용돈이라도 벌어 볼까 싶어 알바몬, 알바천국 등 구직정보 사이트에도 들어가 보았다. 알아보던 끝에 인천해양경찰청에 감사팀 인턴으로 들어갔다. 감사 업무로 기밀자료를 취급했다. 경찰 업무다 보니 할 수 있는 일이 거의 없었다. 바뀐 법령을 편철하거나 회의 때 다과를 준비하는 등 보조업무가 주였다.

옆 사무실 감찰팀에는 나보다 먼저 인턴으로 일한 동생이 있었다. 같은 연배고 사는 동네도 같아 더 친해질 수 있었다. 지금도 서로 연락하고 만나고 있는 동생이다. 공부한 시간이 길어져서 선택한 일이었지만 짧은 경험으로 오래가는 사람을 얻은 것 같다.

사촌언니가 신사동 가로수길에서 의류숍을 운영했다. 엄마는 언니 가게에서 일해보고 적성에 맞으면 나중에 숍을 차려 운영해볼 것을 권유하셨다.

어렸을 때 가지고 놀던 바비인형의 옷을 만들어주겠다고 손바느질로 탑과 미니스커트를 만들어 입히기도 했었다. 나름 손재주가 있었는지 중학교 가사 시간에 복주머니, 자수 넣기 등 만들기 시간이면 잘 만들었다고 칭찬을 듣곤 했다.

패션과 의상에 관심이 있어 마음속으로 꼽은 장래희망으로 의상 디자이너가 꿈일 때도 있었다. 전혀 연관성이 없는 일이 아니라 의류업을 해도 괜찮겠다 싶었다.

장사에서 가장 중요한 것은 무엇일까? 당연히 판매를 통한 수익창출이다. 신사동 가로수길은 유동인구가 많다. 특히 패션과 유행에 민감한 젊은 사람들이다. 따라서 기본만 해도 하루 300만 원 정도는 수익이 나왔다.

그런데 더 많이 팔고 수익을 남겨야 살아남는 경쟁구조 속에서 그 정도로는 부족했다. 많이 팔기 위해서는 말발도 중요했다. 손님에게 오버하며 과장할 필요는 없지만 구매욕을 불러일으키는 말재주가 필요했다.

"언니~ 한번 입어봐요." "언니~ 정말 예쁘다. 잘 어울려요."

이런 평범한 리액션은 하지만 그 이상은 어려웠다. 조용하고 말수도 없는 내가 단기간에 말발이 늘 리가 없었다. 같이 일했던 매니저 언니는 10년 이상 판매경력과 백화점 매니저 경력도 있었다. 나와는 수준 자체가 달랐다. 일할 때 기가 눌리는 것만 같고 스스로 위축되었다.

장사는 대개 남들 놀 때 일하고 남들 일할 때인 평일에 쉰다. 주말에 가로수길은 사람들로 북적거렸다. 친구, 연인들이 손잡고 거

닐며 쇼핑하는 모습이 부러웠다. 나도 나가서 놀고 싶었다. 숍 안에 있는 나는 창살 없는 새장에 있는 것 같았다.

장사를 업으로 삼는 일은 내게 안 맞다고 생각했다. 여러모로 사정 봐주고 많이 도와주었던 사촌언니에게 미안함만 안긴 채 3개월을 끝으로 일을 그만두었다.

비록 많은 경험을 하지는 않았지만 다른 일을 해본 시간이 후회되지 않는다. 다시 공부해야겠다고 마음을 굳혔고 결과를 얻었기 때문이다. 수험기간이 길어져 지치고 힘들 때, 이 길이 내 길이 아닌가 싶을 때 때로는 방향전환도 필요하다.

다시 공무원을 해야겠다고 마음을 먹고 수험생으로 돌아왔다.

내가 예전에는 생각지도 않았던 경찰을 해보겠다고 시도했던 이유가 있었다. 경찰직으로 전환하기 전 7월 검찰직 시험에서 아깝게 떨어졌다. 그 후 다시 의욕이 떨어졌다. 그러던 어느 날 경찰직 수험정보를 보게 되었다. 다음 해부터 경찰직 시험과목이 개편되어 내가 공부한 과목으로 경찰직 시험 응시가 가능해졌다.

기존 필수 두 과목(한국사, 영어)에 선택과목이 생겼다. 공무원 취업기회를 주기 위해 고등학교만 졸업해도 시험 응시가 가능하도록 국어, 수학, 사회, 과학 중에서 선택할 수 있게 개편되었다. 나는 기존에 했던 형법, 형사소송법, 국어를 선택해서 다음 해 응시하면 됐다. 어쩌면 공부를 끝낼 수 있는 기회라고 생각했다.

경찰직은 가산점을 기본으로 갖추고 있어야 한다. 0.5점이라도 아쉽기 때문에 5점 만점을 확보해야 했다. 이미 워드프로세서 1급 자격증은 있어서 실용글쓰기 자격증을 준비해 점수를 확보했다. 그리고 경찰 운전면허 취득은 1종 보통 이상 취득해야 응시가 가능하다. 나는 2종 보통만 있어서 1종 보통을 취득하기 위해 면허학원을 등록했다. 실기 연습을 하고 합격해서 운전면허 자격도 갖추었다.

내가 공무원 시험 준비를 시작한 2000년 중반만 해도 경찰이 되려면 키, 몸무게 응시조건이 있을 때였다. 여경 키 제한으로 내 키로는 응시도 못할 때였다. 더군다나 당시 체력은 관절 통증으로 골

골대던 때라 엄두도 못 냈고 시도할 수조차 없었다.

2009년 신체조건 제한이 폐지되어 응시가 가능했다. 체력이 오히려 서른 살이 되니 더 나아졌다. 2차 체력시험만 통과하면 합격이 가능할 것 같았다.

독서실 바로 아래층 헬스장을 등록했다. 하루 계획한 공부를 마치면 헬스장 가서 시험 종목인 팔굽혀펴기, 윗몸일으키기를 꾸준히 하며 기초체력을 다졌다.

법원, 검찰, 경찰 직렬에서 공통되는 과목인 형법, 형사소송법의 경우 직렬마다 문제 유형이 조금씩 다르다. 경찰직은 형사법 문제가 세밀해서 좀 더 꼼꼼하게 공부해야 했다. 시험 전 1, 2월에 문제풀이 과정을 듣고 경찰직 시험문제 유형을 익혔다.

2014년 3월. 처음 응시한 경찰 시험 필기에 합격했다. 인터넷 홈페이지 합격자 명단에 올라와 있는 내 수험번호를 확인했다. 심장이 두근거렸다.

'어! 내 번호다!'
'드디어 붙었다.'

처음으로, 그것도 정말 오랜 세월이 흐른 뒤 합격해서일까. 이제는 수험생활의 종지부를 찍을 수 있어서일까. 나도 모르게 눈물이 주르르 흘렀다.

경찰은 1차 필기합격 후에도 최종 4차 면접까지 단계별 시험이 있다. 최종 합격발표까지 결코 안도할 수 없다. 최종합격자들 중에 지난 시험 필기합격 후 최종불합격이었던 사람들도 더러 있었다. 20여 일 후 2차 체력시험이 있어 바로 준비했다.

개인적으로 체력시험 준비하는 필기합격생도 있었지만 나는 체력시험에 대해 종목 말고 아는 정보가 없어 체력학원에 등록해서 준비했다. 실제 경찰 체력시험장에서 측정하는 악력기로 연습할 수 있어 좋았다. 센서가 부착된 팔굽혀펴기, 윗몸일으키기 기구도 있었다. 한 번을 하더라도 정확한 자세가 나와야 한다. 기구의 센서가 인식하니 확실하게 연습할 수 있었다. 빠르게 준비하고 체력시험에서 합격 가능성을 높이려면 전문학원의 도움을 받을 필요가 있을 것 같다.

그리고 경찰 최종합격까지 준비과정이 즐겁고 재미있었다. 체력학원에 같이 등록해서 준비한 십여 명의 동생들과 친해졌고 면접 스터디까지 이어졌다. 서로 경쟁 상대이자 응원해주는 사이가 되었다. 라이딩도 하고 야유회도 하며 정말 행복한 시간이었다. 친목 모임이 지금까지도 이어져 정보 공유도 하며 친하게 지내고 있다.

필기 합격 후 약 3개월 동안 4차 시험까지 치른 후 6월에 최종 합격했다. 20대 공무원 준비 후 필기합격까지 길었던 기간과 비교해 처음 치른 경찰 시험은 빠른 합격을 안겨주었다. 내가 경찰이 될 운명이었을까. 드디어 방황하던 시기를 벗어나 10년 만에 직장을 얻었다.

04

중앙경찰학교에
입교하다

최종합격의 기쁨을 뒤로하고 정식 경찰관이 되기 위한 통과의례인 중앙경찰학교에 입교했다. 학교는 충주시 수안보면에 위치했는데 그 당시 나에게 수안보 하면 떠오른 건 온천뿐이었다. 경찰학교가 이곳에 있다는 것은 입교안내서를 보고 알았다. 입교일이다. 드디어 경찰학교 정문에 다다랐다. 입교 시기의 날씨는 곧 무더위가 시작되기 전이라 더워질 기세였다.

적보산 아랫자락에 산을 깎아서 만든 학교에는 본관, 대운동장,

교육장 등 건물들이 위치해 있었다. 생활관은 위치가 중간쯤이었다. 비탈진 길에서 경찰학교 생활을 위한 필수품들이 가득 찬 캐리어가 쉬이 끌리지 않았다. 땀 흘리며 끌고 온 캐리어를 잡고 '내가 졸업할 때까지 생활하게 될 신축4관이 어디지?' 두리번거리며 찾아서 들어갔다.

신축4관 3층. 생활실에서 하나둘씩 동기들을 맞이한 순간들을 잊지 못한다. 챙겨 온 짐을 풀며 어색한 분위기에서 "안녕하세요."라고 첫 멘트를 날린다. 아마 기숙사, 합숙소 등 집체생활을 하게 되면 맞이하게 되는 느낌은 경험해본 사람들은 알 것이다. 한국사회는 연령, 상하관계와 같이 서열을 중요시하기 때문에 나이를 무시할 수 없다. 때문에 통성명할 때 당연히 나이를 묻는다.

"몇 살이세요?"
"서른네 살이요."

동생들은 놀라는 기색이 역력했다. 내가 보기보다 나이가 많아서 그랬을 것이다. 또래와 비슷하거나 좀 더 많을 줄 알았는데, 아홉 살이나 더 많다니…. 나이가 많은 게 잘못은 아니지만 살짝 민망한 건 사실이었다. 그리고 알고 보니 학급에서 내가 제일 나이가 많았다. 사실 체력학원에서도 나이가 제일 많아 여경 동기들 중에서도 내가 나이가 많은 축이겠거니 생각은 했다.

제일 연장자라고 해서 학급장이 되거나 막중한 책임감이 부여되는 것은 아니지만 언니다 보니 모범을 보여야 한다는 부담감이 초반에 조금은 있었다. 그런데 지내다보니 생활실 동기들뿐 아니라 내가 본 우리 학급 동기들은 예비 경찰관답게 솔선수범하고 씩씩했고 멋있는 모습으로 나에게 자극제가 되었다. 서로 부족한 부분을 보완하며 성장 동력을 부여하는 관계가 되고 있었다.

경찰은 국민의 생명, 신체, 재산을 보호하고 사회의 안녕과 질서를 유지하기 위한 활동을 한다. 중앙경찰학교는 이러한 역할을 수행하기 위한 현장 경찰관 양성을 위해 훈련을 실시한다. 수사법률, 현장실무와 대응뿐 아니라 사명감을 고취시키고 인성 함양을 위한 인권소양 교육도 받는다.

내가 합격한 시기는 2014년도로 세월호 사건이 발생한 때였다.

언론에서 연일 시간을 다투어 구조 과정이 보도가 되었다. 필기 합격 후 한창 면접 준비를 할 때였는데 나는 그 당시를 잊을 수가 없었다. 대한민국 국민이라면 잊기 어려운 사건일 것이다.

세월호 사건으로 경찰학교 수업에도 변화가 생겼다. 처음으로 해상인명구조 수업을 시작했다. 실습장에서 구명조끼를 입고 뛰어들고 로프를 묶어 구조하기 등 여러 가지 실습을 했다. 나는 수영을 못해서 물놀이 할 때 구명조끼는 필수였다. 실습에서 다행히 구명조끼를 입고 뛰어드니 두려움이 덜했다. 하지만 실제 위급한 상황에서는 보호 장비도 없이 입수해야 하는 상황이 있을 수 있는데, 생각만 해도 아찔했다. 정말 생존수영을 배워야겠다는 생각이 절로 들었다. 남을 도우려면 나부터 강해져야 한다는 것을 깨달았다. 실습하면서 나와 동기들의 입술이 파래지고 바들바들 떨던 모습이 생각난다.

위기의 순간은 언제, 어디서든, 누구에게나 닥칠 수 있다. 비록 가슴 아픈 인명피해 사건의 발단으로 생긴 수업이었고 일시적이었지만 생명의 중요성과 안전 교육의 필요성을 알게 해준 시간이었다.

경찰학교 신임경찰 대다수가 '내가 진짜 경찰관이네.'라고 느끼는 부분은 아마 사격교육일 것이다. 군인, 특수부대원들을 제외하고 공무직 중 총기를 소지하고 근무하는 직렬은 많지 않다. 그 중 경찰은 최일선에서 국민의 생명과 신체를 보호하기 위한 불가피한 수단으로 권총을 사용할 수 있는 직업이다. 위험하기 때문에 신중하게 판단해서 사용해야 한다. 교육생 때부터 엄격한 통제와 지도하에 수업이 이루어진다. 자칫하다간 오발로 인해 교수요원이나 교육생의 생명이 위험할 수 있기 때문이다.

파지하는 법, 파킹하는 방법부터 서서쏴, 무릎쏴, 이동표적물 사격까지 아무나 할 수 없는 경험을 난생 처음 하게 됐다. 총성은 고막이 찢길 듯했다. 귀마개를 하고 연습하는데도 발사될 때 권총의 반동으로 인한 체감은 곱절로 와닿았다. 묵직한 38권총을 잡고 조준한다고 긴장하며 서있는 탓에 심장이 쿵쾅거렸고 팔다리가 살살

떨렸다. 다행히 연습을 할수록 긴장과 떨림에 익숙해져갔다. 문제는 사격 평가다. 교육과정 중에서도 거의 20% 비율을 차지하는 수업으로 무시할 수 없는 부분이다.

지금도 현직에서 사격점수가 근평에 들어가지만 경찰학교에서도 평가 점수가 곧 성적이기 때문에 막연히 재미삼아 할 수는 없는 노릇이었다. 교육생들은 점수를 잘 받기 위해 장난감 총을 구입해서 생활실 벽에 표적지를 붙여놓고 연습했다. 팔이 흔들리지 않도록 개별적으로 팔운동을 하기도 했다.

나는 사격에 익숙해질 무렵엔 곧잘 점수가 나왔다. 그런데 시간이 지날수록 점점 떨어지는 것이었다. 보완할 점을 개선해서 연습했지만 하늘까지 감동시키진 못한 것 같다. 정말 잘하지도, 못하지도 않는 중간 정도의 점수로 졸업했다. 지금 나의 사격 실력은 고백하건대, 몇 년 전 아산에 소재한 경찰인재개발원 교육과정에 있는 사격 저조자 교육도 갔다 왔다. 그곳에서도 역시 끊임없는 연습만이 답이라는 깨달음을 얻었다.

여군이 아닌 다음에야 여자가 제식훈련을 할 일이 있을까? 제식훈련은 군인에게 절도와 규율을 익히게 하는 훈련이라고 한다. 경찰학교에 입교하고 제식훈련이라는 말을 처음 들었고 이 때 처음 해봤다. 남자들은 군복무 의무가 있어 군대를 가면 각종 훈련을 받지만 여자들은 군대를 지원해 가거나 나처럼 경찰학교에 입교해서 하는 제식훈련을 받지 않는 이상 경험해 볼 일이 없을 것이다.

처음에 적응한다고 나름 스트레스를 받은 부분은 새벽에 일어나 아침 구보를 하는 것이었다. 아침식사 때도 뛰어가고 무도 훈련장까지도 뛰어가고 뛰고, 또 뛴다. 지금 생각해보면 무난히 할 만한 훈련들이었다. 그 당시는 아직 단단해지지 못한 상태였는지 엄살을 많이 부렸던 것 같다.

1단계 제식훈련, 적보산 산악훈련 등 여러 훈련들은 힘들었다. 필기 합격 후 다음 관문인 체력테스트를 통과하기 위해 했던 운동들과는 여러모로 달랐다. 모든 운동과 훈련이 체력을 바탕으로 한 정신력 싸움이었다. 고된 훈련을 통과하기 위해 교육생들은 악바리 정신으로 이겨나갔다. 적응훈련은 한 여름에 진행된 탓에 햇볕이 무척 따가웠다. 기동복은 땀으로 흠뻑 젖어서 축축했다. 가만히 서 있다가 뙤약볕에 쓰러진 교육생도 있었다. 나도 오랫동안 서 있는 자세가 이렇게나 고통스럽고 괴롭다는 것을 여기서 알았다.

경찰학교는 정신력과 체력을 증강시키기에 최적의 장소인 것 같다. 꾸준한 구보로 지속적으로 건강하고 날씬한 몸을 유지할 수 있다. 그리고 체포술과 무도훈련을 통해 몸을 쓰고 단련하는 방법을 배울 수 있다. 그야말로 지덕체(智德體)를 기를 수 있는 교육기관이다.

훈련 중 최고봉은 산악훈련이다. 비탈진 산을 타면서 끝까지 완주할 수밖에 없는 상황에서 동기가 힘에 부쳐 처지면 뒤에서 받쳐주고 앞에서 '할 수 있다'고 끌어주었다. 훈련 과정에서 우리의 의리는 끈끈해졌고 동료애가 생기는 것을 느낄 수 있었다. 우리는 더 단단해져가고 있었다.

인생에서 처음이자 마지막일 경찰학교 교육과정. 설렘과 기대감이 듦과 동시에 내가 무사히 교육을 마치고 졸업을 할 수 있을지에 대한 우려는 금세 사라졌다. 다시 예전으로 돌아가고 싶은 때가 언제냐고 묻는다면 나는 주저 없이 '중앙경찰학교에서 동기들과 교육을 받을 때'라고 말할 것이다.

05

여경 최고령은 아니지만,
학급 왕언니

경찰 채용시험은 응시 가능한 연령에 상한제한이 있다. '40세 이하'다. 일반공채는 18세 이상~50세 이하, 경행특채는 20세 이상~40세 이하다. 경행특채는 경찰행정학과 특별채용의 줄임말로 경찰행정 관련학과 2년제 대학 이상 졸업자, 4년제 재학 중이거나 45학점 이수자면 지원이 가능하므로 20세 이상부터가 하한이다.

요즘도 경찰공무원 시험 응시연령 상한제한에 대한 논문이 나오는 것을 보았다. 공무담임권 침해라고 주장한다. 나는 34세의 늦은 나이에 들어왔다. 상한제한을 두는 이유를 딱히 생각해보지 않았지만 업무 특성 등 여러 요인이 있을 것이다. 그런데 입직해서 근무해보니 제한 필요성이 있다는 생각이 들었다. 특히 야간근무를 하면서 확실히 체감할 수 있었다.

281기로 교육생활을 시작했다. 나는 나이가 있어 들어왔지만 딱히 내세울 경험이 없었다. 동기들은 대학 1학년을 마치고 휴학 후 공부해 합격한 21세 막내부터 운동선수 코치, 입시학원 강사, 회사생활했던 이력 등 경험이 다양했다. 동생들이지만 경험 없는 내가 오히려 동생 같았다. 경력이 나보다 위인 언니들이다.

학급장은 나이가 어렸지만 적극적이고 무척 씩씩했다. 수십 명을 통솔하기 벅찰 텐데 학급의 화합을 위해 노력했다. 단체티를 맞추고 다양한 외부활동도 추진했다. 마니또를 하며 어색할 수 있는 동생들과도 친해졌다. 그 때 맞춘 단체티와 운동복은 8년이 지난 지금도 갖고 있다. 동기들 사이에서 특히 활발하고 리더십이 있는 친구들이 있다. 나에게 없는 능력을 갖고 있는 어린 친구들을 보면 내심 부럽기도 했다.

내가 수혜를 봤던 2014년도 경찰채용 필기시험 과목이 올해인 2022년 개편되었다. 순경공채 선택과목이 폐지되고 필수 다섯 과목으로 변경되었다. 공통과목인 영어는 토익, 토플 등 영어능력검정시험으로, 한국사는 한국사능력검정시험(국사편찬위원회)으로 변경되었다. 기존 선택과목에서 필수 3과목으로 변경됐다. 헌법, 형사법, 경찰학이다.

과목 개편에 따라 경찰학이 필수 과목으로 다시 돌아온 것은 당연하다고 생각한다. 내가 경찰시험 봤을 때 기존부터 공부했던 대부분의 경찰 수험생은 경찰학을 택했다. 나처럼 타 직렬을 공부해서 과목이 겹쳐 시험을 볼 수 있게 됐거나 수학, 과학이 기본이 되는 수험생이 선택과목을 택했다.

그런데 경찰학, 수사를 배우지 않고 중앙경찰학교에 입교하면 교육 때 많이 당황스럽다. 용어가 생소해 수업을 들을 때 낯설기 때문이다. 경찰학뿐만 아니라 형법, 형소법도 택하지 않은 수험생이 있다. 이들은 일과를 마치고 평일 저녁에 따로 시간을 내 공부한다. 그래야 경찰학과 형사법을 공부한 교육생과 시험점수가 비숫하거나 더 잘 받을 수 있다.

시험 없는 혁신 학교가 있다지만 대부분의 학교는 시험을 본다. 중앙경찰학교에도 시험이 있다. 교육과목을 평가한 점수로 근무지 배치에 활용한다. 지역이 넓은 시·도청의 경우 점수에 민감하다. 잘못하면 집에서 먼 곳에 배치되기 때문이다. 물론 먼 곳을 원하는 사람도 있겠지만 대부분 타지에 살면 생활비가 많이 들어 그리 선호하지 않는다. 나는 인천에 지원해서 그런 걱정은 안됐지만 공부를 해야 따라잡기 때문에 신경을 안 쓸 수가 없었다.

생활안전 수업시간에 과제가 주어졌다. 주어진 상황 질문에 어떻게 대처할지 적어내는 과제였다.

"얘들아~ 이 말이 무슨 뜻이야?"

경찰학 관련 모르는 용어들이 나올 때면 동기들한테 물어보며 과제하고 공부했다.

교수님의 강의를 듣는 일방향 수업 외에 개별 및 팀별 실습도 있다. 실제 경찰관이 사용하는 형사사법포털(KICS) 시스템도 실습하게 된다. 사건 인지 · 접수부터 기소까지 형사사법포털을 사용한다. 족보 같은 KICS 업무처리 순서도까지 받으며 실습하지만 꽤 어렵다. 서로 맞는지 봐주고 모르는 부분은 물어보며 배워나가야 했다.

현장대응 교육으로 테이저건 실습을 한다. 8~10명 인원이 일렬 혹은 원형으로 앉아 손잡고 있으면 뒤에서 교수님이 테이저건을 쏜다. 전선으로 연결된 테이저건을 쏘면 전기가 흘러 총맞은 듯한 체험을 할 수 있다. 전기 충격에 몸이 저절로 나자빠졌다.

모두 체험을 한 후 한 명이 테이저건을 직접 맞는 시범을 보인다. 교수님이 지원자를 받았다. 나는 자신이 없어 차마 하겠다고 말을 못 했다. 침이 지원자의 옷을 통과했다. 등에서 피가 나서 즉각 밴드를 붙여 조치했다.

간접으로 맞았을 때 느낌이 묘했다. 형용할 수 없는 느낌이었다.

둔탁하게 한 대 얻어맞은 것처럼 아팠다. 직접 침을 맞은 동기는 오죽했을까 싶다.

교육을 듣고 실습하며 지내는 시간도 좋았지만 마음 맞는 동기들끼리 여행하고 체험하는 시간도 잊지 못할 추억이다. 전주에 살고 있는 동생이 있어 다섯 명이 전주 여행을 갔다. 처음으로 전주 한옥마을에 가봤다. 한 집 건너 먹거리를 팔고 있었다. 우리는 어떤 맛일지 궁금해서 지나가며 이것저것 조금씩 맛을 봤다. 고로케, 딸기 들어간 찹쌀떡, 초코파이, 길거리 맥주 등 먹고 배가 터질 듯했다. 거의 먹방 투어 수준이었다. 다녀와서 비록 1kg가량 살이 불어났지만 행복한 먹방 여행은 아직도 잊히지 않는다.

중앙경찰학교와 연계된 체험활동도 했다. 속리산 법주사에서 교육생 대상으로 템플스테이 참여자 모집을 받았다. 나는 생활실 동생들과 뜻이 맞았고 앞 생활실 동생들도 참여한다고 해서 같이 신청하게 되었다.

국보 '팔상전'이 있는 유명한 사찰에서 템플스테이를 체험해볼 일은 흔치 않다. 108배를 하는 시간이 있어서 시도했는데 끝까지 해냈다. 무릎이 아플까봐 걱정했지만 전혀 아프지 않았다. 속리산의 정기를 받아서일까? 오히려 몸이 좋아진 느낌이었다. 템플스테이라는 좋은 기회를 잡았고 동기들과 또 하나의 추억을 만들었다.

경찰학교 생활하면서 나름 언니라고 고군분투했다. 하지만 동기들의 도움 없이 척척 해나가기 벅찰 때가 있었다. 그럴 때 옆에 있는 동생들이 큰 도움이 되었다. 모두들 고마웠다. 학교생활을 반추했다. 조용히 튀지 않게 생활했다.

내심 부담감을 갖고 있었던 걸까? 한번은 같은 생활실 동생한테 물어보았다.

"내가 언니 노릇 잘한 걸까?"
"그럼 언니, 내가 언니한테 얼마나 의지를 했다고, 언니 덕분에 중경에서 잘 지낸 것 같아."

지금은 무색해진 네이버 밴드 속 동기들이 사진을 보며 지난날의 추억을 회상한다. 다들 각자의 무대에서 맡은 일 열심히 하며 인생 멋지게 살고 있을 것이다. 다들 보고 싶다. 그리고 오늘도 중앙경찰학교에서 교육받고 현장에서 열심히 실습하고 있을 학급 왕언니들도 응원한다!

06

20대, 남들보다
조금 느려도 괜찮아

'20대, 30대, 40대에 ~해라'는 제목의 책들이 많다. 그 중에서도 20대에게 할 말이 가장 많은 것 같다. 20대가 중요한 이유는 20대를 어떻게 보내느냐에 따라 이후의 삶이 결정된다고 생각하기 때문이 아닐까. 보편적으로 보면 우리 사회가, 부모님들부터 그 나이 대에 맞는 기준으로 살아가도록 교육받고 자라서 그런 것 같다. 하지만 실로 인간의 삶은 단순하지 않고 복잡하다. '~해야 한다'는 당위적인 답은 없다. 사람마다 존재가치가 있고 살아가는 과정은 모두 다르기 때문이다.

수능이 끝나자마자 친구들과 미팅을 했다. 고3 수험생의 해방감이었을 것이다. 얼마 지나지 않아 남자친구가 생겼다. 그 전까지는 남자한테 관심이 없었다. 바로 남친이 생긴 나를 보며 친구들이 "얌전한 고양이 부뚜막에 먼저 올라간다더니~."라고 말하기도 했다. 그런데 그 친구와의 인연도 잠시였다. 재수를 하기 위해 기숙학원에 들어갔고 자연스레 헤어지게 되었다.

그리고 스물한 살 때부터 다시 연애를 했다. 친구들은 말했다.

"너가 제일 먼저 결혼할 것 같았어~!"

예상과는 달리 나보다 늦게 남자친구를 만난 친구들은 이미 다들 결혼해서 잘 살고 있다. 요즘은 워낙 취업하기 힘들기 때문에 결혼이 자연스레 늦어지는 경우가 많은 것 같다. 취업준비, 시험준비로 연애도 미룬다고 한다. 나 때도 졸업하고 25~26세에 결혼해도 빠르다고 했으니 말이다.

수험생일 때도 연애를 했다. 20여 년간 서로 다른 환경에서 살고 다른 가치관을 가진 사람이 만났으니 갈등이 있을 수밖에 없었다. 그런데 그때는 몰랐다. 당연히 좋아서 만났기 때문에 계속 좋을 줄 알았다. 그 전에 연애할 때는 싸우지 않았기 때문이었다. 그래서 더 적응이 안 되어 많이 싸우게 됐다. 속상하고 슬픈 마음을 책을 읽으며 내려놓게 되었다.

『화성에서 온 남자 금성에서 온 여자』의 저자 존 그레이 박사는 말한다. "본디 남자는 화성인이고 여자는 금성인이기 때문에 둘 사이의 언어와 사고방식은 다를 수밖에 없다." 너무 와닿고 수긍하게 되는 내용들이 많았다.

"화성인들은 기분이 언짢을 때 무엇이 자기를 괴롭히고 있는지 좀처럼 이야기하지 않는다…대신에 화성인은 조용히 자기만의 동굴에 들어가 해결책이 나올 때까지 그 문제를 생각하고 또 생각한다. 해결책을 찾고 나면 기분이 한결 좋아져서 동굴 밖으로 나온다."

"금성인들은 낮에 스트레스를 받는 일이 있었다거나 기분이 우울할 때, 자기가 믿는 사람을 찾아가 그에게 자기 문제를 속 시원히 이야기하고 싶어한다…금성에서는 자기 문제들을 다른 이와 나눈다는 것이 부담이 아니라 사랑과 신뢰의 의사표시가 된다."

남녀가 싸울 때 대화이다.

"도대체 왜 그래? 피하지 말고 지금 얘기해 봐! 내가 무슨 잘못을 했는데, 너는 잘했어?"
"화를 내는데 무슨 대화를 하자고! 싸우자는 거야? 이 상황에서 무슨 얘기를 해."

여자들은 대개 감정적으로 대응하고 남자들은 감정을 무시하고 해결책을 찾으려 하기 때문에 마찰이 생긴다. 그리고 사랑은 상대방이 필요로 하는 사랑이 아닌 내가 필요로 하는 사랑이라는 것을 알았다. 남자와 여자는 본질적으로 다를 수밖에 없다는 사실을 인식하고 나니 싸움은 점차 줄어들게 되었다.

공부와 연애를 병행하는 수험생일 때 감정소모 때문에 집중해서 공부하기 어려울 수 있다. 나는 시험을 보면 점수가 어느 정도 나왔던 시기였는데도 힘들긴 했다. 그때 좋은 결과를 얻지는 못했지만 후회하지 않는다. 그 시간 동안 스스로 배워갔고 더 성숙해졌기 때문이다.

수험생끼리 연애하는 것을 장점으로 보자면 서로 많은 대화로 갈등을 해결하며 공감대를 형성할 수 있다. 또 경쟁 상대이자 든든한 지원군이 될 수 있어 발전적인 관계를 맺을 수 있다. 둘이 동시에 합격한다면 금상첨화지만 그렇지 않더라도 먼저 합격한 연인이 합격할 수 있도록 끌어줄 수도 있다. 그래서 경찰 수험생 커플에서 경찰부부로 이어지는 경우도 꽤 있다.

친오빠는 45세 간호대생이다. 42세에 간호학과에 가고 싶다더니 전국에 있는 간호학과가 있는 학교를 알아보았다. 만학도 전형이고 고교 내신점수로 가려고 했기 때문에 선택의 폭이 좁았다. 다행히도 제주에 있는 대학의 간호학과에 붙었다.

"그 나이에 대학 가려고 하고 대단하다. 그것도 공부하기 쉽지 않다는 간호학과에."

내가 오빠한테 한 말이다. 신입생도 그만둔다고 들었다. 공부도 어렵지만 간호가 적성에 안 맞는 부분이 제일 크다고 한다. 오빠는 2년을 다니더니 내륙으로 올라와서 공부해야겠다고 했다. 원래 살던 곳도 아니고 물가도 비싸서 그런지 2년 만에 내륙에 있는 간호학과로 편입했다.

오빠 말고도 학년별로 만학도생이 한두 명씩 있다고 한다. 간호사가 전문직종이다 보니 늦게 진입하는 경우가 있다. 같은 학급인 50대 누나와 정보교환하고 의지하며 학과 수업을 듣는다고 한다.

공부할 양이 많아서 1~2학년 때 교양과목 과제를 해달라고 부탁해서 과제 해준 게 엊그제 같은데 벌써 4학년이다. 내년에는 간호사 국가고시 보고 합격해서 자리 잡기 바랄 뿐이다. 전국에서 열심히 공부하는 만학도생을 응원한다.

공부할 때 가끔씩 우울한 생각이 드는 경우는 남들과 내 처지를 비교할 때다. 같이 공부한 친구들은 합격하고 직장에 들어가 일하다 연애해서 결혼한다. 누구는 150km의 아우토반 고속도로를 달리고 있는데 나는 속도를 낼 수 없는 50km 미만의 울퉁불퉁한 비포장도로를 달리고 있는 듯했다.

남들보다 느리게 가고 있었지만, 조바심은 잠깐이었다. 다시 집중해서 공부해야 합격한다는 의지가 생겼고 나에게 위안이 되어주는 책이 있었다.

시험 합격이든, 연애든, 결혼이든 남들보다 늦게 시작하고 결과가 늦다고 속상해하거나 한탄하지 말자. 인생은 바이오리듬처럼 곡선 그래프를 그리며 사는 과정이다. 사람 인생은 끝까지 가봐야 안다.

07

나를 모르는
대가는 혹독했다

"공무원을 왜 하려고 하는가?"에 대한 질문을 해보자. 나올 수
있는 답변은 대개 이렇다. 정년까지 보장되는 안정적인 직장이라
서, 노후에 연금을 받을 수 있어서, 매달 월급이 꼬박꼬박 나와서,
전공 살리긴 힘들고 딱히 할 만한 일이 없어서, 부모님이 공무원이
라서 등이다.

나의 기질과 성격은 어떤지, 어떤 것을 좋아하는지, 나랏일을 하
며 보람을 느끼고 싶은지 등 자기자신에 대한 성찰을 하고 공무원

이 무엇을 하는 직업인지 숙고해가며 결정하는 사람은 드물다. 나도 내 성격상 얼추 맞을 것 같아서 택했으니 할 말은 없지만 대학가기 위해 공부하는 우리나라 입시제도 하에서 학생들이 자기 자신을 잘 아는 게 쉽지 않다.

처음 살아보는 인생인데 어떻게 생각한대로 계획한대로 척척 살아갈 수 있을까. 지나간 일 후회해봤자 소용없는 일이라고 생각한다. 앞으로 잘 살면 된다.

어렸을 때 동물을 좋아해서 수의사가 되고 싶었고 아픈 사람을 돌봐주는 간호사도 끌렸다. 학생을 가르치는 선생님은 존경받는 위치에 있어 교사도 좋아 보였다. 딱히 잘하는 것, 좋아하는 것을 발견하지 못해 공무원이 되기로 했다.

그런데 공무원도 쉽게 되는 것은 아니었다. 집중해서 1~2년을 오로지 공부하는 데 힘을 쏟아 부어야 하는데 그러지 못했다. 20대 때 나의 기질은 계속 어딘가 아파서 골골댔고 집중력이 부족했다. 성향은 순응적이고 순종적이었다. 당시에 나는 '나를 사랑하는 법'을 몰랐던 것 같다.

나를 깨우치게 한 1권의 책이 있었다. 웨인 다이어의 『행복한 이기주의자』였다. 중학교 때 친구가 나에게 '천사표'라고 했다. 어렸을 때부터 '착하다'라는 말을 많이 들었다. 누군가를 실망시키기 싫어 부탁해도 거절을 못하고 싫은 소리도 잘 못한다. 무엇을 나눠 먹을 때 남에게 큰 조각을 줘야 맘이 편하고 눈치가 안보였다. 천성인 부분도 있었겠지만 책을 읽고 나니 '착한사람 콤플렉스'가 있었던 것이다.

공부나 연애를 할 때 내 기준과 계획을 먼저 우선순위로 두고 나아가야 한다. 그런데 상대방을 더 배려하고 신경을 썼다. '의무를 끌어안고 사는 경향'의 사람이 나였다.

'머스터베이션(musterbation)'은 심리학자 엘리스가 만들었다고 한다. 반드시 해야 한다는 강박관념을 말한다. 다음과 같은 의무들이다.

"삶의 대부분이 의무에 끌려 다니고 있지 않은가 돌아보자. 동료에게 친절해야 한다고, 배우자에게 힘이 되어줘야 한다고, 자녀에게 보탬이 돼야 한다고, 항상 열심히 일해야 한다고 생각하고 있지는 않은가? 그런 의무 가운데 하나라도 지키지 못하면 여지없이 책망하고….”

돌이켜 보니 남의 눈치를 보고 나 자신을 낮추었기 때문에 나를 세우고 발전시키는 시간이 부족했던 것이다.

서른이 되어 공부를 중단하고 다른 일을 했다. 다시 돌아와 공부하는 과정에서 내면이 더 성숙해졌을까. 아직 나를 다 알지 못하지만 서른이 넘어서 나를 조금 알게 되었다. 그리고 ‘경찰 합격’이라는 단계로 도약을 할 수 있었다.

원하던 직장을 다니게 되면 나를 알아가는 과정이 필요 없을까? 더 고뇌에 빠질 수 있다. 일하면서 기대와 다른 현실에 직면한다. 직장 내에서도 어떤 분야가 맞을까 고민하기도 한다. 그래서 나는 직장에서도 나를 더 알아가려고 했다.

돈을 내고 진로적성검사를 받았다. 심리상담교육을 받으며 기질 및 성격검사(TCI)와 다면적 인성검사(MMPI)를 했다. 또 직장 내에서 성격유형검사(MBTI)를 받을 기회가 있었는데 알고 싶어 받아 보았다. 검사결과는 나에 대해 객관적으로 알아보는 데 도움이 됐다.

요즘 성격유형검사(MBTI)가 유행이다. TV프로그램에서도 언급되고 지인들도 너도나도 테스트를 해본다. 서로 비교해보며 선호지표가 일치하는 게 많으면 "역시 너랑 잘 맞더라니~."라고, 선호지표가 반대로 나오면 "너랑은 역시 안 맞는 게 이유가 있었네." 이러면서 재미삼아 이야기한다.

나는 ISFP로 성인군자형이라고 나왔다. 결과 분석지에는 개발해야 할 점이 나왔다. 첫째, 자신이 수행한 것에 대해 높게 평가할 필요가 있다. 둘째, 다른 사람에게 보다 주도적으로 지시하는 태도를 개발할 필요가 있다. 셋째, 정보를 그대로 받아들이기보다 객관적으로 분석하는 방법을 배울 필요가 있다. 세 가지가 적혀 있었다.

내가 생각해도 수긍하는 점이라 내심 놀랐다. 상담사가 전화통화로 분석한 내용을 설명해주는데 사주 보러 가서 "어머! 나랑 똑같네", "맞네, 맞아." 하듯이 대꾸했다. 그런데 항상 실천이 문제다.

학교에서는 학생들에게 성격, 진로 등 다양한 검사를 한다. 하지만 각각의 분석 결과를 토대로 학생들의 적성에 맞게 진로를 찾을 수 있는 시스템이 마련되면 좋겠지만 현재 지식전달 위주의 교육 현장에서 다양한 직업체험을 하고 자기 계발을 할 수 있는 여건을 조성하는 것은 한계가 있어 보인다.

자기 자신에 대한 탐색을 했으면 좋겠다. 탐색은 부모님, 친구, 애인 어느 누구도 해줄 수 없다. 본인 스스로 알아가야 한다. 이제부터는 어떤 시도를 하기 전에 "나는 누구인가?"라는 질문부터 해야 한다.

"한 사람 한 사람의 삶은 자기 자신에게 가는 길이다. 자기 자신에게 이르는 길을 찾는 시도이고 오솔길을 보여주는 것이다. 그 누구도 완벽하게 자기 자신이었던 적은 단 한 번도 없지만 누구나 자기 자신이 되려고 노력한다."『데미안』에서 헤르만 헤세가 우리에게 하는 말이다.

　나를 알기 위한 평생의 과정을 '인생'이라고 말할 수 있을 것 같다. 나는 그 과정을 여행하며 산다고 생각한다. 여행은 매번 행복할 수만은 없다. 여행하다 다칠 수도 있고 길을 잃을 수도 있다. 누군가의 도움으로 위기에서 벗어나거나 동행자를 만나기도 한다. 여행은 인생처럼 희로애락이 있다. 이 세상에 태어나 한 평생 여행을 한다고 생각하고 나를 알아 가면 행복하지 않을까?

08

나이는 숫자에
불과하다

사람들과 만나 대화할 때면 외모와 나이에 대한 이야기는 항상 화두가 된다.

"너, 하나도 안변했다. 비결이 뭐야?", "이제 웃을 때 주름 생겨, 어떤 화장품 써?", "살쪘어, 운동 해야겠다.", "나이 한 살 한 살 먹을수록 몸이 예전 같지 않아."

물론 눈에 들어오는 겉모습을 보고 판단할 수밖에 없어서 더 그렇다. 그리고 살아가면서 외모나 체력적으로 전과 다름을 체감한다. 사람들은 자신의 경험에 비추어 '나이'를 대하는 자세가 다르다. 나이 때문에 서러움을 겪어 부정적 인식이 발동되면 의기소침해지거나 한탄하고 체념한다. 반면, 그 어느 시절보다 더 열정적이고 활기차게 보내는 사람도 있다.

　신임 때 경무계 근무할 때였다. 지금은 퇴직하신 경무계장님은 군살 없이 날렵한 몸매셨는데 알고 보니 마라톤을 하고 계셨던 것이었다. 주변을 보면 직원들은 주로 헬스, 배드민턴, 테니스를 하는데 마라톤을 하신다고 하니 신기했다. 100m 뛰는 것도 숨 차는데 완주까지 하신다고 하니 계장님이 대단해 보였다.

　계장님이 퇴직하신 후 매년 안부 인사를 드린다. 그 때마다 여전히 마라톤 대회를 나가시는데 지방에서 열리는 대회도 갔다 오셨다고 했다. 거의 2년 동안 코로나로 대회가 열리지 않아 못 뛰었는데 이제 슬슬 열리면 나가실 거라고 하셨다. 요즘은 일하시면서 소방설비기사 자격증 공부를 한다고 하셨다.

"와~ 계장님 진짜 대단하시다. 여전히 멋지게 살고 계시네요."

업무도 꼼꼼하게 잘 챙겨주셨던 계장님. 어느 위치에 있던 최선을 다하시고 퇴직하고도 인생 2모작을 준비하시는 계장님이 존경스럽다.

좀 더 가까이 있는 우리 부모님 이야기를 해본다. 두 분은 퇴직하시고 아빠 고향으로 내려가 귀농해서 살고 계신다. 더 나이 들기 전에 귀농을 해보고 싶다고 하셨다. 10여 년 전 사놓은 땅이 논이 있는데 귀농하면서 밭으로 바꿔 경작하신다.

처음에는 욕심이 생겨 여러 종류의 농작물을 심으셨다. 그러다 보니 겨울을 제외하고 계절 내내 밭에 가서 일을 하셔야 했다. 수확시기가 농작물마다 다르기 때문이다. 안 하던 농사일을 하니 초반에는 몸이 많이 축나셨다. 이후로 요령이 생겨 이제는 몇 가지 작물만 재배하신다.

농사도 안 지어 보셨던 분들인데 이웃에 사는 농사 짓는 분들에게 배워가며 하셨다. 부모님 뵈러 가면 가끔 농사일을 도와드릴 때가 있다. 한 줄 한 줄 모종을 심기 전 밭에 검정 비닐을 씌운다. 그리고 일정한 간격으로 모종이 들어갈 구멍을 뚫는다. 구멍에 물을 주고 비료를 뿌린다. 모종을 심고 다시 물을 준다.

고구마 수확시기가 왔다. 엄마가 고구마 캐라고 하셔서 나는 호미를 들고 캐고 있다. 나름 살살 캔다고 하는데 맑은 자줏빛 껍질이 벗겨져 하얀 속살이 보인다.

"어머! 까졌네."
"에이~ 하지마! 상품성 떨어져서 팔지도 못해."

'농사꾼 다 되셨네. 우리 엄마.' 그리고 농사는 정말 쉬운 게 아니었다. 한두 줄 캐는데 허리가 너무 아팠다. 안 쓰던 근육을 써서 그런가.

"아이고 허리야~ 허리 아프다."
"하지 마! 그냥 들어가서 쉬어!"

도와준다고 했다가 가만히 있지 못했다. 젊은 사람도 힘든데 70이 넘어서도 열정과 의지로 농사일 하시는 것을 보면 대단해 보였다. 한편 우리가 마트에서 손쉽게 사먹는 과일, 야채, 채소 등 농작물들은 농사짓는 분들의 피땀 어린 결과물이란 것을 아니 감사히 먹어야겠다고 생각했다.

나이는 생각하기 나름이다. 공직 사회에도 고령 합격자가 증가하고 있다고 한다. 내가 법원직 준비할 때 머리가 거의 백발인 분이 앉아서 수업을 듣고 계셨다. 속으로 놀라긴 했다. 그때만 해도 한둘이었는데 요즘은 50대 합격자가 수십 명 들어온다고 한다.

지금 우리사회가 고령인구는 증가하고 청년은 줄어드는 것은 어쩌면 당연한 현상인 것 같다. 맥도날드 등 프랜차이즈 가게를 가면 점원으로 일하시는 어르신을 심심치 않게 본다. 추세가 반영되는 것을 느낀다.

하버드대 심리학과 교수 엘렌 랭어는 『늙는다는 착각』에서 "숫자는 도구일 뿐이다."라고 했다. 예를 들어 숫자는 정확성에 대한 환상을 심어준다고 말한다. 42세인 사람과 54세인 사람을 비교하면 42세가 더 젊다는 것 외에 우리는 두 사람에 대해 누가 더 건강하거나 활력 넘치는지, 더 창의력이 있는지 알아낼 방법이 없다고 했다.

또 다른 예로 비만 여부를 측정하는 체질량지수(BMI)는 정확해 보이지만 체질량지수는 개인의 비만도를 측정하기 위해 만들어진 것이 아니라고 한다. 개인의 신체 활동 수준을 전반적으로 측정하기 위해 만들어졌는데, 근육과 지방을 구분하지 못해 근육량이 많은 사람에게 유효하지 않다고 한다.

물론 숫자를 드러내는 실험이 쓸모없지 않다. 하지만 숫자는 도구일 뿐이고 우리의 건강을 불완전하게 예측할 뿐 그 자체로 우리가 누구인지 상태가 어떤지를 판단해서는 곤란하다고 한다.

살아있는 최고령 모델로 기네스북까지 등재된 모델이 있다. 31년생으로 92세인 카르멘 델로피체는 "나이가 들어서 열정이 사라지는 것이 아니라 열정이 사라져서 나이가 든다."라고 했다. 사람은 '믿고 싶은 대로 생각한다'고 한다. 그렇다면 모두들 "나는 점점 열정이 살아나고 더 젊어지고 있다!"라고 믿어보면 나이에 연연하지 않고 더 행복하게 살 수 있지 않을까?

나는 경찰로 방향전환할 때 나이는 생각하지 않았다. 그저 '빨리 합격하고 싶다, 스스로 돈을 벌어야겠다.'고 생각해서 열심히 했다. 간절함과 열정으로 살아보자. 나이는 숫자에 불과하니까.

2장

나는 꿈꾸는
경찰관입니다

01

절박함이
꿈을 꾸게 한다

누구나 인생을 살면서 삶의 전환점이 되는 이벤트들이 있다. 취업, 결혼, 출산 등 긍정적 변화점이 있는 반면 이별, 질병, 죽음 등 절망적인 사건으로 예상치 못한 변화를 맞이하게 되는 경우도 있다. 나는 지금까지 비교적 큰 굴곡 없이 살아왔던 것 같다. 직업을 찾겠다고 긴 시간을 지나온 것 말고는 다들 겪고 사는 시시콜콜한 문제들이다.

물론 살아가면서 부딪치는 어려움과 고통의 체감은 개인마다 차이가 있어 누가 더하다, 못하다 비교할 수 없는 것은 분명하다.

나에게도 정신이 바짝 들게 해준 일들이 있었다. 청에서 근무하는 직원들의 내부 모임에 들어가서였다. 책 읽는 것을 좋아하는 사람들의 독서모임이었다. 기존에는 한 가지 주제로 도서를 선정해서 책을 읽고 토론했는데 방식을 바꿔 진행했다.

관심 있는 주제 몇 가지로 나눠 팀별 단톡방을 형성했다. 분류로 인문 · 역사 · 철학, 문학, 자기계발, 경제 · 경영팀으로 나뉘었다. 원하는 주제방을 선택해서 들어갔다. 토론하고 정보공유도 하며 오프라인 모임도 했다.

나는 재테크에 슬슬 관심이 가있던 차라 경제 · 경영팀에 들어갔다. 재테크 분야에서도 직원분들의 관심사 및 투자방식은 공 · 경매, 재건축 · 재개발, 청약 등 각기 달랐다. 관심 있는 분야로 책 읽고 공부도 많이 하고 현장 임장도 하신다고 했다.

이어지는 대화와 정보공유 속에서 나는 멘붕이 오기 시작했다. 나보다 나이가 한참 어린 후배는 '로또청약'이라고 하는 아파트 분양에 당첨 돼 직원들의 부러움을 샀다. 직장생활 6년차임에도 불구하고 내 집은 고사하고 빌라 전세마저 대출금으로 살고 있는 내가 한심했다. 수험기간 못 써봤던 돈, 월급 받아서 한을 풀듯 써왔는지 용돈만큼의 매달 붓는 적금과 청약금 외에 모아둔 돈이 없었다.

'그동안 나는 뭐하고 살았지?'
'모아둔 돈은 없고 앞으로 어떻게 살아야 할까?'

남들은 재테크로 재산을 불릴 때 소비만 해왔던 삶이 한편 후회되었다. 그동안 보상심리로 돈을 쓰기만 했다. 이렇게 계속 금융문맹으로 사는 것이 싫었고 앞날이 불안했다.

심적으로 힘들 때 해결책을 찾기 위해 항상 책을 집어 들었다. 이번 일로 충격을 받아서 그런지 원래 손이 잘 가지 않았던 경제·경영, 재테크, 부와 관련된 서적들이 눈에 들어왔다. 부동산, 주식 관련 책을 읽고 주식 컨설팅도 받아봤다.

아파트나 주택의 경우 워낙 큰 금액이라 당장 내가 할 수 있는 게 없었다. 그래도 주식은 소액으로 시작할 수 있기 때문에 시도할 용기가 생겼다.

그 당시도 '주식하면 집안 망한다.'라며 주식은 위험한 투자이고 큰일 난다고 생각하는 사람들이 많았다. 실상 접해보니 그런 생각은 들지 않았다. 선입견일 뿐이라고 생각한다. 경영상황, 수익구조 등 기업분석도 없이 큰 액수로 매수했기 때문에 위험부담이 클 수밖에 없다.

나는 '욕심 부리지 말고 립스틱 살 돈이라도 벌어볼까?' 하는 마음으로 안전한 주식을 사보았다. 코로나19 여파로 국내 및 해외 주가가 곤두박질친 시기라 낮은 가격으로 매수할 수 있었다. 주가가 올라 수익이 오르니 재미가 있었다.

알아가면서 아쉬운 점은 시드 머니(seed money)의 중요성이었다. 내 집 마련을 위해 종잣돈이 필요하듯 주식을 할 때도 수익을 따지면 무시할 수 없는 부분이었다.

『존리의 부자 되기 습관』에서 부자가 되지 못하는 3가지 이유를 들고 있다. 사교육비, 자가용, 부자처럼 보이려는 라이프스타일이라고 한다. 가장 찔렸던 부분이 마지막 세 번째였다. '부자 되는 법'에 관련된 책들에서 항상 언급하는 부분도 '소비습관', '절약'이다. 알면서도 실천이 잘 안 된다. 내가 원하는 삶을 위해 당장 하고 싶은 것도 참을 수 있어야 나중에 기회를 잡을 수 있음을 알았다.

처음 지인들의 재테크를 보며 각성하고 그 후 얼마 되지 않아 나의 두 번째 현타(현실자각타임)가 왔다. 주변에서 한 번쯤은 다 해보는 주택청약에 넣어보기로 했다. 청약점수에 관계없이 여러 번 해도 안 되는 사람들이 있는 반면 한 번에 당첨되는 사람도 있었다. 높은 점수가 아니었지만 '가능성은 있지 않을까' 하는 생각이 들었다. 우편으로 보낼 시간이 없었다. 청약 기간 마지막 날까지 겨우 서류를 준비해 모델하우스로 직접 가서 접수했다.

청약발표가 났다. 문자를 확인하니 예비 50번이었다. 가능성이 없지 않다고 생각했다. 되든 안 되든 다음 날까지 4,000만 원을 준비해야 하는 상황이었다. 은행에 대출가능 여부를 물어보니 기존

대출금이 있어 추가 대출은 안 된다고 했다. 도움 요청할 곳이 부모님밖에 없어 가능한지 여쭤보니 4,000만 원까지 자금융통은 불가능했다.

정말 속상했다. 근무 중에 일이 손에 잡히지가 않았다. 직장에 다니며 월급 받아 조금씩 저축하고 잘 살기를 바란 게 오산이었다.

당장 물질적으로 얻을 수 있는 게 없다고 생각해서일까. 재정 상태를 직시하게 된 이후로 나는 내면에 몰입하게 되었다.

'앞으로 나는 어떻게 살아가야 행복할 수 있을까?'

이 일련의 일들로 마음이 조급해졌다. 월급이 꼬박꼬박 나오는 안정적인 직장에 다니고 있는데도 내 미래가 불투명하고 불안했다. 불안한 심적 상태에서 전보다 더 많은 책을 읽었다. 책으로 마음을 달래며 내면의 소리에 집중하게 되었다.

내가 살아갈 길을 찾아보자고 한 것이 계기가 되어 내 첫 번째 책 『현직경찰관이 알려주는 학교폭력대처』가 나왔다. 외부적 현실로 인한 자기각성으로 글을 쓰게 되었고 책까지 출간하게 되었다. 미처 생각지 못한 '책'이라는 결과물에서 희망을 보았다.

나에게 절박함은 꿈을 좇는 계기가 되었다. 어쩌면 내적 공허함이 채워진 게 아닐까 싶다. 결국 당장의 돈도 내 목마름을 해소해 줄 수 없다는 깨달음을 얻었다.

우물 안 개구리처럼 살다가 세상 밖에 나왔다. 밖으로 나온 세상에서 난데없이 날아오는 돌에 맞아 주춤했다. 좌절했다가 다시 나만의 시선으로 세상을 받아들이게 됐다.

삶에 변환점을 준 독서모임으로 내 삶은 한 단계 성장했다. 인생을 살아가는 자세가 수동적인 삶에서 능동적인 태도로 변했다. 현재 해체되어 추억 속으로 사라져 아쉽지만 소수정예로 만남이 이어지고 있다. 지금도 배워가며 서로의 발전을 기원하고 있다.

02

인생 밑바닥에서
책을 만났다

나는 엄청난 독서광이거나 일 년에 몇 백권씩 읽는 다독가는 아니지만 이제 책과 독서는 내 삶에서 필수가 되었다. 학창시절부터 책 읽는 것을 좋아했다. 초등학교 시절은 누구나 그렇듯 위인전을 읽었고 중학교 다닐 때부터 소설과 만화책 보는 것이 좋았다.

내가 학창시절만 해도 도서 대여점과 비디오 대여점이 동네에 여럿 있었다. 몇 군데에 가입을 해서 돌아가면서 소설책과 만화책

을 빌려 읽었다. 만화책은 한 권당 500원도 안 되는 금액으로 기억
난다.

　가끔 이모 댁에 놀러 가면 이모가 흰머리를 뽑아달라고 하셨다.
개당 10원을 주신다고 했다. 받고 모은 돈으로 만화책을 빌려보았
다. 검은 머리 사이에 흰머리를 뽑는 쾌락도 있었지만 책도 빌릴
수 있어 일석이조(日石二鳥)였다. 그야말로 누이 좋고 매부 좋은
상황이었다.

　책 빌리면서 웃기지만 당황했던 일도 있었다. 집 근처 상가건물
지하에 대여점이 있었다. 빌리고 싶은 책을 꺼내들고 카운터에 갔
다. 아르바이트생이 물었다.

　"이름이 뭐예요?"
　"이상희요"
　"이상해요???"
　"아니요, 이상희요."

좀 당황스럽고 어린 마음에 민망하기도 했다. '내 이름을 이상해로 들을 수 있구나.' 물론 그쪽에서도 '이름이 이상해?'라고 생각했을 수 있고 내가 똑바로 말 안 했다고 생각했을 수도 있지만 말이다.

그리고 한번은 옆에 중학생으로 보이는 남학생이 책을 고르고 있었다. 그러더니 아르바이트생에게 물어본다.

"저기, 『어나더 베이비』 있나요?"

"『어덜트 베이비』 있어요."

『어덜트 베이비(Adult Baby)』는 한창 인기 있던 코믹 만화책이었다. 성인의 영혼이 막 태어난 아기의 몸 속에 들어가서 벌어지는 일들을 그린 책이었다. 아기의 모습이지만 행동은 엉큼하다.

그 학생은 엄청 민망했을 것 같다. 나는 어나더 베이비라고 말하는 것을 듣고 미안하지만 차마 티 나게 웃을 수 없어서 속으로 엄청 웃었던 기억이 난다. 지금은 거의 찾아보기 힘든 도서대여점은 내 마음에 추억으로 자리 잡고 있다.

고등학교 때는 고학년으로 올라갈수록 대학교 입학을 위한 수험서만 보기 때문에 좋아하는 책 읽기를 멈춰야 했다. 시험에 나오는 문학작품의 내용과 줄거리 정도를 익히는 수준이었다. 대학에 진학하면 더 많은 책을 읽을 줄로만 알았는데 캠퍼스 생활에 맛 들려 2년 정도는 책에 눈길조차 안갈 정도로 재미있어 신나게 놀고 다녔다.

다시 책을 읽기 시작한 때는 대학 고학년 때였다. 학과 공부를 열심히 했으면 좋았겠지만 따분한 대학 공부는 뒷전이었다. 시험과 졸업 때문에 교내 도서관과 동네 공공 도서관에 자주 가있었다. 서가에 꽂혀있는 책들이 내 마음을 끌었다.

공부할 때, 몸이 아파 마음이 울적할 때 찾기 시작한 책은 수험생활을 할 때도 정신적 지주처럼 나에게 버팀목이 되어주었다. 성인이 되고 난 후 읽게 된 책들은 소설과 만화책이 아닌 주로 자기계발, 에세이였다. 역사, 건강, 사주ㆍ역학 등 관심 있는 분야의 책들도 읽었다.

시험 치고 불합격 통보를 받을 때마다 좌절하고 실망했다. 좌절의 순간은 시험 친 횟수만 해도 10년 동안 열 번은 족히 넘었다. 떨어질 때마다 자극받기 위해 동기부여, 자기계발서를 끌리는 대로 읽었다. 김미경의 『언니의 독설』, 토익 강사 유수연의 『독설』, 박코치의 『독설』 등 독설 못 들어서 한이 맺히기라도 한 듯 동기부여 멘토 작가들의 책을 읽으며 힘을 얻기도 했다.

어느 날이었다. 방에서 공부하다가 자기계발서를 읽고 있는데 어떤 문구를 읽고 코끝이 찡해지면서 나도 모르게 눈물이 흐르기 시작했다.

"흔히 인생에는 중요한 날이 두 번이 있다고 한다. 하나는 자신이 태어난 날이고 다른 하나는 태어난 이유를 발견한 날이라고 한다."

당시 나는 책을 읽다가 마음에 와 닿는 좋은 문구가 있으면 메모하거나 필사했다. 이 문구도 작은 수첩에 옮겨 적었는데 작가와 책 제목을 기록하지 않았다. 나중에 찾아보았다. 존 맥스웰의 『사람은 무엇으로 성장하는가』에 나온 문구였다.

수험생은 공부를 열심히 해도 시험장에서는 항상 긴장한다. 공부를 열심히 하다가도 불안감이 엄습해올 때가 있다. 안정되지 못한 불확실한 상황에서 이 문구가 나를 울렸다.

'내가 이 지구상에 태어난 목적이 반드시 있을 거야. 지금 내가 이렇게 힘든 이유는 태어난 이유를 알기 위해 겪고 있는 과정이니까 절망하지 마. 반드시 좋은 날이 올 거야.'

'나는 합격할 수 있다'는 소리 없는 외침으로 나를 다독이며 다시금 수험서를 펼쳤다.

"하늘이 장차 어떤 사람에게 큰일을 맡기려고 할 때는 반드시 먼저 마음을 괴롭게 하고 육체를 지치게 하며 그 배를 굶주리게 하고 생활을 빈궁에 빠뜨려 하는 일마다 어지럽고 힘들게 만든다. 이는 분발하고 참을성을 길러주어 이제까지 해내지 못하던 일을 할 수 있게 해주려는 것이다."

『맹자』15장에 나오는 글이다. 고전을 좋아하는 독서가라면 누구나 알고 있는 구절이다. 나는 이 문구를 핸드폰 메인화면에 고정시켜 수시로 보며 필사도 하고 힘을 얻었다. 분야를 막론하고 많은 수험생들이 힘을 얻는 『맹자』의 구절이다. 책을 통한 치유는 무엇과도 바꿀 수 없는 나에 대한 선물이다.

수험생 신분으로 수험서만 보는 시간도 부족할 텐데 수험서 볼 시간에 일반 책을 읽는 행태를 보면 '정신 나겠네.' 할지도 모르겠다. 그리고 통상 수험생들은 일반 서적은 잘 읽지 않는다. 같이 공부했던 지인들도 나처럼 책을 보진 않았다.

하지만 결과론적으로 보면 나는 그 시간이 후회되지 않는다. 누구한테도 얻을 수 없던 내적 충만함을 얻었기 때문이다.

인생의 고비마다 나를 일으켜준 건 8할이 독서였다. 마음이 지치고 힘들 때 사람을 통한 치유도 좋지만 독서를 통해 스스로 나를 마주하고 부딪쳐보며 치유해보는 것은 어떨까?

경찰관 되길
정말 잘했다

"장래희망이 뭐니?"

"나쁜 범인 잡는 경찰관이요!!"

내가 학교 다닐 때인 1980~1990년대도 학생들의 장래희망으로 '경찰관'이 순위권 안에 있었다. 장래희망은 주로 경찰관, 소방관, 교사, 과학자, 의사, 간호사 등이다. 교육부에서 실시한 '2021년 초·중등 희망직업 1~10위' 결과를 보면 초등학생 장래희망으로 5

순위가 '경찰관/수사관'이었고 중학생은 '경찰관/수사관'이 3위다. 세상이 변하긴 했어도 국민의 안전과 생명, 재산을 수호하는 경찰은 학생들에게 여전히 선망의 대상이다. 주로 어릴 때 미국드라마 〈CSI과학수사대〉를 보고 수사관을 꿈꾸거나 영화나 드라마 속 형사를 보며 경찰을 희망한다.

경찰을 하고 싶은 이유 중에 '제복 입은 경찰이 멋있어 보여서'라고 하는 사람들이 많듯 나도 경찰직을 공부하기 전에 제복 입은 경찰의 모습이 멋있다고 생각했다. 지금 나도 경찰이지만 우람한 덩치로 단번에 범인을 제압하는 〈범죄도시〉 마석도 형사를 볼 때면 (현실은 어렵겠지만) 통쾌한 액션으로 우리를 시원하게 해주는 모습이 참 멋있어 보인다. 그래서 특히 남자 경찰들이 몸집을 키우나 싶었다.

경찰관이 되겠다는 어릴 적 꿈을 끝까지 가져가 꿈이 실현되거나 전혀 생각지도 못했다가 경찰을 하게 되는 경우도 있다. 나는 후자의 경우다. 같은 공무원이지만 다른 직렬을 공부하다 마침 경찰 시험과목이 개편돼 경찰로 방향 전환했다. 그 결과 대한민국경찰이 되었다. 나이는 먹어가고 일을 빨리 해야 할 것 같아 선택한 경찰이라 그랬을까? 신임 2년 동안은 '다시 공부해서 다른 일을 해야 하나?' 싶을 정도로 고민했다.

치열하게 몇 단계 관문을 통과해 경찰에 들어왔지만 내 성격과 맞지 않는 것 같았다. 각종 동원과 밤샘근무, 낯선 업무환경에 놓이니 앞으로 평생 이 일을 할 수 있을지 눈앞이 깜깜했다. 나와 비슷하게 어려움을 토하는 동기들이 있었지만 다들 어렵게 들어온 공직을 쉽게 포기할 리는 만무했다. '좀 더 버텨보자, 좀 더 일해보자.'며 스스로를 달래며 하루하루 지냈다.

인사혁신처에서 2021년 국정감사 때 제출한 자료에 따르면 5년 미만 공무원 9,258명이 퇴직했다고 한다. 신임공무원의 대다수를 차지하는 20~30대가 조직문화에 적응하지 못해 퇴직했다고 지적했다.(참고: 〈이데일리〉 기사. 2021.10.8.)

개인마다 퇴직하는 사유는 각기 다르다. 신임이 퇴직하는 경우는 나도 경험해봤지만 부적응으로 인한 경우일 것이다. 실제 근무해보면 기대와 다르다는 것을 체감하기 때문이다. 특히 개성이 강하다는 90년대 생이라면 조직문화 적응에 부단히 애를 썼을 것이고 고심 끝에 결정한 퇴직이라고 본다.

입직 후 안정기에 접어든 건 2년 후부터였다. 초임 1년은 지구대 6개월, 경무과에서 6개월 근무했다. 2년 차부터 여성청소년과에 들어와 학교전담경찰관(SPO) 업무를 하면서 방황길도 점차 안정돼가는 듯했다.

여성청소년과 업무는 성폭력, 가정폭력, 아동·노인학대 등 피해사건 수사 업무와 아동, 청소년, 노인, 여성 등 사회적 약자를 보호하고 피해자 지원업무도 한다. 나는 내 담당업무인 학교폭력과 청소년 선도·보호 업무를 하면서 일에 보람을 느끼기 시작했다. 각 부서는 기본업무 외 캠페인, 행사, 업무협약을 통한 지원 등 시책을 만들어 시행한다. 특히 여성청소년과는 학교폭력, 가정폭력 등 업무별 다양한 시책을 추진할 수 있는 부서다.

출근 후 학교폭력 예방 캠페인을 하기 위해 8시까지 학교에 갔다. 학교 정문에서 학생들과 함께 학교폭력 예방 문구가 적힌 피켓을 들고 경찰에 대해 친근감을 주기 위해 포돌이, 포순이 탈을 쓰고 학생들을 맞이하며 홍보활동을 했다. 학교폭력이 발생했을 때 피해·가해학생들과 면담하며 아이들의 마음을 이해하고 잘못된 부분은 잘되기를 바라는 마음에 타이르기도 했다.

한 때 교사가 되고 싶었지만 성장하면서 잊은 지 오래되었다. 업무를 하면 선생님들을 만날 일들이 많다. 어릴 적 교사라는 꿈이 떠올랐다. 이런저런 이야기를 하면서 선생님들의 업무도 만만찮다고 느꼈다. 선생님들에게서 학생지도와 관리, 수업 및 행정업무에 이르기까지 정신없이 사는 모습이 보였다. '경찰하길 잘했다'는 생각이 저절로 들기도 했다.

현재는 인천청에 있는 117학교폭력 신고센터에서 근무하고 있다. 그곳은 학교·여성폭력 및 성매매 피해자 긴급지원센터로 전국 시·도청 내에 위치해 있다. 학교폭력 신고전화가 주를 이루고 있다. 자녀의 학교폭력 피해사실을 알고 어떻게 해야 할지 고민하는 부모님들이 있다.

피해사실이 학교폭력에 해당되는지, 신고는 어떻게 해야 하는지, 절차는 어떻게 진행되는지 등 물어보면 설명하고 추가로 더 궁금한 점은 없는지 물어본다. 길게는 1시간가량 통화하는 경우가 있는데 부모 입장으로 애간장 타는 마음을 알기에 아는 한 최대한 알려주게 된다. '감사하다'는 말을 듣고 싶어 이렇게 하는 것은 아니지만 통화 말미에 '상담 감사합니다.'라는 말을 들으면 일하는 보람이 있다.

나는 주로 여성청소년과 학교폭력, 청소년 선도 · 보호 업무를 했기 때문에 이 방면 업무를 서술했지만 다른 부서도 충분히 보람 있고 만족할 수 있다. 직원마다 성향과 적성이 다르기 때문에 잘 맞으면 전문성까지 갖출 수 있다.

경찰은 내근직과 외근직으로 구분하지만 업무별로 조금씩 다르다. 내근이지만 잦은 출장과 점검, 회의로 '외근직인가?' 싶은 경우도 있고 외근직이지만 내근처럼 계속 보고서를 작성해야 하는 경우도 있다.

　신임 1년차 때 경무계에 들어갔다. 경무과는 전형적인 내근직이다. 행정관서와 경찰 직원들을 위해 업무를 하는 부서로 기획, 예산, 인사, 교육, 복지 등으로 사무분장이 이루어져 있다. 민원을 상대하는 일보다 내부 직원을 상대로 일하는 게 맞다면 경무 업무도 좋을 것 같다.

　작년에 근무했던 경비부서는 경비계, 지금은 없어진 의경계, 대테러계로 나눠져 있었다. 경비업무 특성상 윗분들을 모시고 나가는 출장이 잦다.

　이 외에도 지역경찰, 생활안전과, 교통과, 수사과, 형사과, 정보과, 외사과 등 부서가 많아 다양한 경험을 해 볼 수 있다. 다만 퇴직하기 전까지 전부 경험해보지 못한다는 점이 아쉬울 뿐이다.

　특별한 경우를 제외하고 1년 지나면 부서이동이 가능하다. '백문불여일견(百聞不如一見)'이라고 100번 듣는 것보다 한 번 경험해

보는 것이 중요하다. 경찰이 적성에 맞지 않는다며 속단하고 그만
두는 일이 없으면 좋겠다.

  공무원은 공무를 수행하기 때문에 부처마다 국민에게 도움을 준
다는 점은 공통적이다. 하지만 일선에서 주민들을 도와주고 보람
과 자부심을 느낄 수 있는 일로 경찰만한 직업은 없을 것 같다.

<u>04</u>

혼자 벌어서
잘 살고 있습니다

우리는 대개 취업해서 안정이 되면 결혼한다. 결혼해서 애를 낳고 키우며 시집, 장가보낸다. 아들, 딸의 손주를 보며 여생을 사는 게 남들 다 겪는 수순이라고 생각한다. 나도 그렇게 생각했었다. 아직도 많은 부모님들은 내 자식이 남들처럼 취업해서 결혼하고 애 낳고 평탄하게 살기를 바란다.

2021년 혼인율(국가통계포털)을 보면 30~34세 연령이 가장 많다. 초혼 연령이 올라갔음을 말해주고 있다. 한편 2021년 이혼율은 39~41세까지 연령이 가장 높다. 단 1년만 같이 살아봐도 나와 맞는지, 안 맞는지 답이 나온다.

이혼율은 50세 이상부터 59세까지 세 배 이상에 달한다. 그 동안 자식 때문에 참고 살다가 자녀가 일정 연령 이상 되면 각자 인생을 살기로 선택한다. 경제와 사회가 변해가면서 가치관과 문화도 바뀌어 가고 있다. 자신의 인생이 무엇보다 중요한 시대로 변했다. 이제 결혼은 필수가 아닌 선택의 문제다.

동기나 선·후배들을 보면 부부경찰이 많다. 수험생 때 만나 같이 합격해 경찰생활하다 결혼하거나 중앙경찰학교에서 방팅이나 소개로 만나 사귀다가 결혼하는 경우도 있다. 또 일하면서 자주 보다 보니 좋아져서 결혼까지 가거나 경찰을 소개받아 사귀다가 결혼한다.

나는 20대부터 30대 초반까지 줄곧 연애를 했다. 전 남자친구들과 부부의 연은 아니었나 보다. 경찰 채용시험을 보기 전에 헤어졌다. 경찰시험에 합격하면 당연히 누군가를 만나 결혼하고 살 줄 알

있는데 사람 만나는 게 쉽지 않았다.

신임 2년 차 부모님이 귀농을 하시게 돼 강제독립을 하게 됐다. 주변에서 혼자 지내게 되면 외로워서 누군가는 만나 결혼할 거라고 했다. 소개를 많이 받았지만 번번이 내 인연은 아니었다. 재미없는 소개팅 자리보다 직장 선·후배들과의 술자리가 더 즐거웠다. 중앙경찰학교 동기들과의 여행이 더 좋았다.

남들은 내가 눈이 높다고 한다. 하지만 나는 부정한다. 인연을 만나지 못했을 뿐이라고. 나이 먹었다고 결혼이 급한 것도 아닌데 '아무나' 하고 결혼할 순 없지 않을까?

TV프로그램 〈나는 솔로〉에는 20, 30대 때 일에 열정을 쏟느라 제대로 연애를 못한 40대가 짝을 찾기 위해 나왔다. 그들은 지금이 내 결혼 적령기라고 말한다. 사람마다 때가 있고 인연이 있다.

'그래도 결혼은 해야 하지 않을까?' 생각하게 된 계기는 있었다. 몇 년 전 친할머니가 돌아가셨다. 할머니 돌아가시기 전 더 나은 치료를 위해 2개월 정도 몇 차례 병원을 옮겼다. 인천, 서울, 여주에 있는 병원을 다니면서 부모님, 오빠, 나 넷이 번갈아가며 병간호를 했다. 간호를 하면서 이런 생각이 들었다.

'그래도 할머니는 아들며느리도 있고, 손주, 손녀가 옆에서 간호하고 있어 외롭지 않게 가실 수 있겠다.'
'혼자라면 죽을 때 외롭지 않을까? 남편도 없고, 자식도 없으면 외롭고 쓸쓸하게 죽기 싫은데….'

사촌 여동생들과 함께 모인 자리에서 그때 문득 들었던 생각을 이야기했다.

"언니, 우리 죽을 땐 국가에서 장례 치러줄 거야~ 걱정 안 해도 될 것 같은데."

동생의 말에 웃음이 나오긴 했지만 실현 가능성 없는 말은 아니었다. 앞으로 노령인구는 증가한다. 자식이 없거나 1명인 세대도 늘어날 것이다. 노인 복지정책이 계속 시행될 것이다. 지금도 무연고 독거노인(65세 이상 1인 가구) 장례비를 지원하는 지자체도 있으니 말이다. 한편 남편, 자식이 있어도 돌봐주지 않아 외롭게 가는 사람도 있으니 자신이 어떻게 죽음을 맞이하게 될지는 아무도 모른다.

한창 재정적인 현타(현실자각타임)로 고민하고 있을 때 걱정하는 나에게 누군가 이렇게 말했다.

"결혼하면 둘이 버니까 대출받아서 집도 사고 훨씬 여유로울 수 있어. 그래서 결혼하기도 해, 혼자 버는 것보다 나으니까."

맞는 말이기는 하지만 재정적인 문제를 해결하기 위한 결혼은 아닌 것 같다. 정신적으로든, 경제적으로든 혼자서도 잘 꾸려나갈 때 진정한 독립이라고 생각한다. 사람은 혼자라는 외로움과 두려움 때문에 누군가를 만나고 의지한다. 하지만 자기 자신을 알아가는 과정이 없다면 맺고 있는 관계는 모래성처럼 무너지기 쉽다.

"연애 하고 있어?" "만나는 사람 있어?" "상희 좋은 사람 만나서 시집가야 하는데."

종종 친구, 선배들과 연락을 하면 항상 듣는 말이다. '나이 먹을 수록 좋은 남자 만나기 힘들다.' '애 낳기 힘들어진다.' '나이 먹은 여자는 남자가 쳐다도 안 본다.' 나를 생각해서 하는 말들이라는 것을 알지만 아직 생각이 없어 한 귀로 듣고 한 귀로 흘린다. 책을 쓰는 중에도 "책 쓰지 말고 남자 만나야지."라는 말을 들었지만 흔들리지 않았다.

하고 싶은 것들을 열심히 하는 중이다. 잃어버린 10년에 대한 보상심리가 발동한 것일까. 제한 받지 않고 자유롭게 살고 있는 지금이 좋다. 내가 번 돈을 오로지 나에게 쓸 수 있어 좋다. 부모님께 맘 편히 용돈도 드린다. 아직 결혼하지 않은 친구와 동기들이 있어 여행가고 싶으면 당장이라도 콜! 해서 배낭 메고 떠날 수도 있다.

"언니가 세상에서 제일 부러워요."

이제는 주변에서 내 삶이 부럽다고 한다. 스스로 벌어서 먹고 살만 하고 혼자 사는 것도 만족하면 결혼은 하고 싶으면 하고 생각 없으면 안 해도 된다고 이야기한다.

예전에 나는 가끔씩 '이미 다 갖고 있는 그들의 삶'처럼 살지 못할까 비교한 적이 있었다. 유리 멘탈을 갖고 있어 우울함에 빠질 때도 있었다. 하지만 나와 마주하는 시간이 많아질수록 멘탈이 강해지는 것을 느낀다.

"나는 항상 나에게 집중했다. 늘 나 자신에게 열중했다. 그리고 마침내 인생의 한 조각도 살아보고, 내 안의 뭔가를 세상으로 내보내며 관계를 맺고 투쟁하기를 열렬히 소망했다."

나는 『데미안』의 싱클레어처럼 내적 성장과정을 겪고 있는 것일까. 혼자 벌어먹고 살고 있는 지금 나는 행복하다.

승진만이
정답인 줄 알았다

경찰계급은 총 11개 계급이 있다. 순서는 순경→경장→경사→경위→경감→경정→총경→경무관→치안감→치안정감→치안총감이다. 외부에서 보면 다 같은 제복 입은 경찰이지만 조직 내에서 계급장은 예민하다.

보통 국민과 밀접하게 치안을 담당하는 경찰서를 예로 들면 총경, 경무관 계급이 경찰서장이다. 경무과, 청문감사관, 112종합상황실, 생활안전과, 여성청소년과, 수사과, 형사과, 경비과, 교통과, 정보과, 보안과 등 각 과의 장은 경정으로 총경 바로 아래 계급이다. 경감은 경찰서 계·팀장, 지구대장, 순찰팀장 업무를 하고 경위 이하는 실무를 맡고 있다. 시·도청 및 경찰서 보직에 따라 계급이 조금씩 다른 부분은 있으니 참고하면 된다.

직장에 다니면서 승진에서 자유로울 수 있는 사람은 보기 드물다. 나 역시도 마찬가지다. 늦은 나이에 순경으로 들어왔기 때문에 주변 선배들이 공부해서 빨리 승진하라고 조언했다. 겉으로는 "네~" 했지만 속으로 '승진이 그렇게 중요한가? 월급만 꼬박꼬박 나오고 받으면 되지.'라며 그냥 흘려 넘겼다.

경찰 승진은 4가지 경로가 있다. 시험, 심사, 특별, 근속승진이다. 다른 직렬의 공무원과 다르게 승진 기회는 공평하다고 생각한다. 형사, 수사과에 있으면 범인을 검거해 특진을 노려볼 수도 있고 공부해서 시험 치는 게 더 맞다 싶으면 시험승진으로 방향을 잡으면 된다. 근속승진이라고 하더라도 가만히 있는다고 누가 알아서 승진 시켜주지 않는다. 각 계급별 정해진 근무연수와 근무성적을 충족해야 한다.

　순경에서 경장의 승진소요 연수는 1년이다. 심사나 특진 또는 시험으로 1년 만에 경장이 될 수 있다. 경장에서 경사도 1년만 지나면 가능하다. 승진 철이 되면 동기들의 승진 소식이 들려왔다. 나이가 어린 선배·후배들이 시험승진 준비를 하면 옆에서 조바심이 들기도 한다. '나도 나이게 맞게 승진해야겠지.' 하지만 공부하기가 싫었다. 오랜 시간 수험생활을 해서 그런지 의욕이 생기지 않았다.

　그런데 결정적으로 공부한 계기가 있었다. 같이 학교전담경찰관으로 근무한 동기가 고과(근무성적) 최상위 점수를 내게 양보했다고 말한 후부터였다. 머리를 한 대 얻어맞은 듯했다. 점수를 챙겨놓으면 다음번 승진 때 유리하기 때문에 양보할 이유가 없었다.

　점수를 양보한 동기에게 폐 끼치기 싫어서 그때부터 공부했다. 두 달 남짓 벼락치기로 공부했다. 꼴찌는 면해 하위권으로 겨우 합격했다. 운이 좋았다. 다행히 동기에게 면목이 섰고 덕분에 고마웠다. 당시 공평하게 점수를 주시려고 했던 여청과장님께도 감사했다.

경장 승진 1년 후 다시 경사에 승진해야한다는 압박이 다가왔다. 이때도 마찬가지로 공부하기가 싫었다. 미루다가 겨울에 시작한 공부는 실패라는 결과를 안겨다주었다. 경사 시험은 경장 시험과는 달랐다. 적게 뽑기 때문에 문턱이 좁다. 최소한 6개월 전부터 시작하거나 기본 바탕이 있어야 했는데 부족했다. 이후 한 차례 더 시험을 봤지만 보기 좋게 떨어졌다. 시·도청으로 보직 이동 후 이전보다 많은 업무로 체력이 저하되어 있는 상태에서 또다시 찬바람 불 때 공부를 시작했더니 역부족이었다. 모셨던 계장님이 시험 합격 비법도 알려주시고 배려해주셨는데 죄송한 마음뿐이었다.

나는 마지막으로 친 시험에 떨어지고 포기 상태였다. 2021년에 심사승진을 앞두고 있었다. 심사는 누가 될지 아무도 모른다. 시험과 특진은 내 노력껏 결과가 나올 가능성이 높다. 심사는 위원들로 구성된 회의에서 결정되는데 대상자의 운도 작용해 장담할 수는 없었다.

'확률은 반이네, 상심할지도 모르니 기대하지 말아야지.'

심사 결과가 나왔다. 몇 번을 훑어봐도 명단에 내 이름은 없었다. 안 될 수도 있다고 생각은 했지만 결과를 보니 슬펐다.

'나름 2년 동안 열심히 일했는데….'

승진을 바라보고 일한 건 아니지만 심사에 대한 기대가 조금도 없었던 것은 아니다. 갑자기 터진 울음으로 사무실은 고요했다.

'난 일을 배우기 위해 들어온 거야. 결과가 어떻든 받아들이고 또 다른 일을 하게 되면 더 열심히 하면 돼.'

선배들이 명단에 내 이름이 없는 것을 보고 속상해할 후배의 마음을 위로해주기 위해 전화를 주었다. 선배들에게 고마웠다. 얼마

간 마음을 추스르고 나니 홀가분했다.

심사가 떨어진 해 경비과로 부서이동을 했다. 새로운 날갯짓하
듯, 살기 위해 다른 방법을 모색했다. 경비과 의무경찰계에서 근무
하면서 책 쓰기를 시작했다. 여성청소년과에서 근무한 5년의 일들
을 적어갔다.

처음에 책을 쓰고 있다고 아무에게도 말하지 않았다. 심지어 부
모님께도 비밀로 했다. 인사이동 후 각각 자리를 잡으면서 약속이
생기기 시작했다. 계속 약속을 미루며 비밀로 할 수 없어 친한 선
배에게 알리기 시작했다.

"선배님. 저 사실 책 쓰고 있어요."

갑자기 책을 쓴다고 하니 다들 놀랐지만 예상과 달리 모두 지지
하고 응원해주었다.

"잘했어! 승진도 좋지만 너 자신을 위해 투자하는 게 더 멋지고

대단한 일이야."

책을 쓰면서 삶의 기쁨을 발견했다. 막막하고 불안한 어둠에서
한 줄기 빛이 내려온 것 같았다.

구직플랫폼 '사람인'에서 실시한 'MZ세대가 승진에 관심 없는
이유' 설문조사 결과로 '평생직장 개념이 희미해서, 승진이 회사생
활을 유지하는 매력요소가 아니다, 인사평가를 딱히 믿지 않는다,
승진 욕구보다 재테크, 자기계발이 더 중요해서' 등을 꼽았다.

'나는 이 중에서 어떤 이유를 들 수 있을까?' 생각해봤다.
승진에 관심이 없지는 않다. 어떻게 해야 승진이라는 굴레에서
벗어나 좀 더 자유로워질 수 있을까? 라고 바꿔 질문해야 할 것 같
다. 나는 여기에 대해 '자기계발하는 글쓰기'라고 답하고 싶다.

경찰생활 8년 동안 한 번의 성공과 세 번의 실패를 겪었다. 절반
의 기간은 초조했고 나머지 절반은 행복했다. 목숨 걸듯이 하는 승

진이 나에게 의미가 없다는 생각이 들기도 했다. 시험으로 빨리 승진한 것을 후회하는 선배도 있었다. 승진 공부할 시간에 차라리 재테크 공부를 했다면 월급보다 더 많은 돈을 벌었을 것이라고 한다.

승진은 개인 선택의 문제다. 승진했다고 반드시 성공한 인생은 아니다. 고과 상관없이 자유로운 영혼으로 살아도 되고 시류에 따라 가도 된다. 승진이 정답은 아니다.

06

경찰관도
자기계발이 필요하다

　'부캐'는 부캐릭터의 줄임말로 게임에서 주캐릭터 말고 또 다른 캐릭터를 말하는데 최근에는 본업(본캐) 외에 본인을 특징지을 수 있는 캐릭터를 칭할 때 쓴다. 직장인이면서 화가, 작가 등 자신만의 무기가 될 수 있는 장기를 계발해서 부수적인 수입을 얻을 수 있다.

　일반 회사인이나 자영업하는 사람들과 달리 공무원은 국가공무원법 규정에 의해 공무 외 영리업무에 종사하지 못한다. 영리업무 아닌 다른 직무를 하려면 겸직 허가권자의 사전 허가를 받아야 한다. 예를 들어 유튜브 등 인터넷 플랫폼에서 수익창출 요건을 충족하고 이후에도 활동을 하고자 하는 경우 겸직허가를 받아야 한다.

요즘은 경찰관도 TV 프로그램에 출연하는 모습을 자주 볼 수 있다. 전에는 주로 시사 · 범죄 프로그램에 출연했지만 최근 예능 프로그램에도 출연해 경찰이 대중에게 가까워지는 모습을 볼 수 있다.

'범죄사냥꾼' 유튜버가 있다. 바로 현직 경찰관이다. 30여 년간 형사로 근무하면서 1,000명이 넘는 범인을 검거한 강력계 전설이라고 불린다. 2020년에는 『다시 태어나도 경찰』이라는 제목의 책을 출간했다. 현재는 지구대장으로 현장에 있으면서 유튜브를 통해 사건을 생생하게 알리고 제보도 받으며 소통하고 있다. 물론 대중에게 알려지면 의도치 않게 비난받을 일들이 생긴다. 그래도 소신 있게 행동하는 선배님이 존경스럽다.

경찰관들은 범인을 제압하기 위해 평소 운동으로 힘을 기른다.

힘을 기르기 위해 운동을 하는데 군살 없이 근육질의 몸으로 변화하게 된다. 탄력을 받아 보디빌딩, 피트니스 대회에 나가기도 한다. 내가 소속된 인천경찰청에도 자기계발을 열심히 하는 멋진 선배와 후배가 있다.

청 내 독서모임을 통해 알게 된 김모 선배다. 모임에 참여하면서 대화를 나누게 되었다. 이야기를 하면서 선배가 이미 2015년에 책을 출간한 작가라는 사실을 알게 되었다. 보통 경찰서장 정도는 되어야 책을 출간하는 줄 알았다. 왜냐하면 근무 경력도 있고 인생을 살면서 지혜와 깨달음도 있을 것이기 때문이다.

선배는 책을 출간할 당시 경찰경력 10년 차였다. 두 아이의 엄마로 7년 차 워킹맘으로 살고 있었다. 일과 육아로 바쁜 와중에도 작가의 꿈을 위해 밤을 새며 글을 썼다. 결국『꿈을 찾는 엄마만이 꿈꾸는 아이를 키운다』라는 제목의 책이 세상에 나오게 되었다. 계급은 상관없다. 명확한 꿈만 있다면 내가 겪은 경험과 깨달음으로 다른 사람에게 동기부여가 될 수 있다.

선배의 꿈은 책 출간으로 끝이 아니었다. 계속해서 꿈을 꾸고 도전하고 있었다. 두 아이의 출산과 육아로 불어난 체중은 줄어들지 않고 몸이 이곳저곳 아프기 시작했다. 그래서 운동을 하기 시작했다. 운동을 하니 아픈 것도 사라지고 삶에 활력이 생겼다고 했다. 더불어 체중이 줄어드니 몸에 라인이 잡혔고 더 멋진 몸매를 만들어보고 싶었다고 한다. 제대로 운동을 배워보고 싶어 PT를 했다.

선배는 더 나아가 용기를 내어 바디프로필 사진을 찍었다. 내가 선배를 처음 만난 해에 바디프로필을 찍었는데 사진을 보니 정말 멋있었다. 바디프로필 찍기 전과 후를 비교한 사진은 선배가 맞나 싶을 정도였다.

이후 선배는 더 큰 꿈을 꾸고 보다 넓은 세계로 나갈 준비를 하고 있었다. 작년에 피트니스 대회에 나가 비키니 체급 1위, 모노키니 통합 1위로 그랑프리를 거머쥐게 된 것이다. 나는 선배를 만날 때마다 과정을 지켜보면서 연신 "와~ 대단하네요, 멋져요!!"라며 감탄을 거듭했다. 자기계발을 한다고 일을 등한시하는 것은 아니다. 서무 업무를 하며 일도 꼼꼼히 하고 맡은 일도 척척해내는 훌륭한 선배다.

또 이야기하고 싶은 한 명의 멋진 후배가 있다. 내가 학교전담경찰관(SPO) 할 때부터 타 경찰서에서 같은 일을 하고 있는 최모 후배다. 일을 잘해 최우수 SPO, 최우수 SPO팀에 선발될 정도로 열정적으로 일을 한다.

최모 후배도 여경 선배처럼 꾸준히 운동을 하며 3년 전 바디프로필을 찍었다. 첫째 백일기념이라고 했다. 아들과 함께 찍은 사진을 보니 즐거운 미소가 참 행복해 보였다. 아내도 경찰이다.

이 부부경찰은 꿈 부부다. 5세, 3세인 두 아이를 키우는 것도 힘들 것 같은데 주말마다 아이들을 위해 이곳저곳으로 나들이 간다. 올해 아내가 바디프로필에 도전했다고 한다. 커플 바디프로필을 보니 삶을 즐기며 여유롭게 사는 부부의 아름다운 모습이 보였다. 이 후배커플은 보면 볼수록 멋지게 살고 있다.

몸짱 경찰관으로 유명한 박모 경찰관은 해마다 몸짱 대회를 열어 선발된 경찰관의 사진을 찍어 '몸짱 경찰관 달력'을 제작한다. 판매 수익금은 학대 아동을 돕는 데 쓰인다. 대회 선발을 목적으로 몸을 만들기도 하지만 스스로 건강한 몸을 유지하기 위해 운동을 하는 직원들도 많다.

요즘 바디프로필이 유행일 정도로 많은 사람들이 운동하고 사진을 찍는다. 최종 목적은 멋진 몸매를 만들고 그 모습을 간직하기 위해서다. 운동을 시작하게 된 이유는 재활목적으로 운동을 해야 하거나 한 번 쯤은 멋진 몸매를 만들고 싶어서 또는 체중 감량을 위해서 등 제각기 다르다. 바디프로필이 인생의 버킷리스트에 있다면 해봐야 한다고 생각한다. 나도 그들의 멋진 모습에 관심이 생겼다. 바디프로필을 찍은 선·후배들에게 궁금한 것들을 물어보았다. 운동 말고도 신경 써야 할 부수적인 것들이 많았다.

첫 번째로 운동할 때 금전적인 부분이다. 원래부터 운동을 해왔던 사람이 아니라면 코치를 통해 PT를 받아야 자세를 정확히 배우고 나중에 혼자서도 할 수 있게 된다. 최소 6개월은 기본이고 그 이상 하게 되면 돈 100만 원은 우습다.

두 번째는 사진 찍는 비용이다. 어디서 찍을 건지 지역적인 부분, 콘셉트는 선택에 따라 가격이 달라진다.

세 번째는 식단이다. 챙겨 먹는 일이 보통이 아니라고 한다. 치킨 같은 고칼로리 음식 금지, 간식 금지, 나트륨 섭취 금지 등 제한도 많고 단백질 보충도 일이라고 한다.

해보지 않은 나로서는 이야기만 듣고 상상만으로도 여간 힘든 게 아니었다. 하지만 시도해보지 않으면 그 세계를 알 수 없고 나를 변화시킬 수 없다. 그래서 이번에 버킷리스트에 넣었다. 올해는 미정이지만 머지않아 도전해보려고 한다.

자기계발 열심히 하는 멋진 선·후배들을 모두 열거하기는 어렵지만 하나같이 끊임없이 새로운 꿈을 꾸고 그 꿈을 이루기 위해 도전하고 성취하는 모습을 존경한다.

자기계발서를 읽고 삶이 변한 최성락 교수의 책 『나는 자기계발서를 읽고 벤츠를 샀다』는 자기계발의 핵심 5가지를 정리해서 말해주고 있다.

첫째, '목표를 정하라', 즉 꿈을 가져라, 비전을 가져라, 방향을 정하라와 같은 말이다.

둘째, '나도 할 수 있다'라는 긍정적인 생각을 하라. 하면 된다. 부정적인 생각을 하지 마라.

셋째, 실패하더라고 포기하지 말고 계속 시도하라.

넷째, '출세하고 싶다. 잘살고 싶다'처럼 막연하지 않고 수량화, 이미지화해 구체화하라.

마지막으로 수량화된 꿈, 구체화된 목표를 종이에 적어라.

마지막은 버킷리스트 작성이 아닐까 생각한다. 나는 '바디프로 필 찍기'라는 버킷리스트 작성으로 그 꿈을 이루어보려 한다.

07

공무원 합격,
인생의 전부가 아니다

공무원 시험에 합격하면 성공한 인생이고 불합격하거나 포기한다면 실패한 인생일까?

많은 취업준비생들이 안정적인 직업인 공무원을 선호한다. 직렬과 급수에 따라 수험기간이 다를 수 있다. 내가 희망을 갖고 공부한다고 하더라도 떨어지면 슬럼프에 빠지고 언제 붙을지 모르는 현실 앞에 불안해진다. 공부를 열심히 하는데도 불합격으로 힘들다면 평소에 관심 있었던 일들을 해봤으면 한다.

요즘은 소수의 초등학생이나 중학생부터 화장하고 다니지만 90년대 후반만 해도 코스메틱 사업이 지금처럼 활성화되어 있지 않았다. 그리고 '학생이 어린 나이부터 화장하면 피부 버린다'는 등 화장하면 안 된다고 교육 받고 자랐기 때문에 화장을 하는 학생들은 노는 아이들로 비춰지던 때였다. 그래서 주로 고등학교 졸업 후 성인이 되고 나서 화장을 처음 시작한다.

나도 대학교 다닐 때 화장을 처음 했다. 기초부터 색조까지 얼굴을 꾸미는 게 좋았다. 기초화장품은 저렴한 것부터 백화점 입점한 브랜드 화장품까지 써보았다. 나름 어떤 브랜드가 좋은지 판단도 해보고 성분에도 관심이 생겨 제품에 어떤 화학성분이 들어가는지 알아보기도 했다. 더 나아가 화장품학을 공부해볼까, 피부관리사 자격증을 따볼까 싶기도 했다.

고등학교 때 친했던 친구가 흔히들 말하는 다단계 사업을 하고 있었다. 화장품, 뷰티 영양제 등 제조, 판매 회사인 뉴○○ 사업이었다. 한창 다단계에 대한 부정적 인식이 많았던 시기였다. 종종 뉴스나 지인을 통해 사기피해 사례도 듣곤 했다. 그래서 갑자기 연락 오는 친구는 경계하라는 이야기도 들었다.

똑똑하고 공부를 잘해서 좋은 여대를 나온 친구가 다단계 사업을 한다는 게 이해하기 어려웠지만 어떤 친구인지 잘 알고 있었기 때문에 사업 설명도 듣고 제품도 사용해보았다. 화장품에 관심이 있어 궁금하던 차에 강의도 들어보고 1박 2일 워크숍에도 참여했다. 다른 세상에 온 것 같았다. 부정적 인식과는 다르게 서로 동기부여해주며 성과를 내는 구조였다. 결국 영업을 잘해야 돈 벌 수 있는 구조다.

당시 나는 공무원처럼 주어진 일을 하고 월급 받고 살겠다는 마인드가 지배적이었다. 자기 사업이라는 큰일을 하기 망설여지던 때였다. 그때 로버트 기요사키의 『부자 아빠, 가난한 아빠』를 읽었다. 돈 버는 데 장사나 사업만한 건 없다는 것을 알았지만 아무나 할 수 없다고 생각했다. 물건을 판매하기 위해 홍보하고 남들을 설득하는 일에 자신이 없어 그만두었다.

이 외에도 사촌언니 옷가게에서 일 해보고 공장에서 5일 동안 단순노동도 했다. 2년 넘게 과외하며 학생들을 가르치는 일도 해봤다. 비록 남들보다 더 많은 경험을 한 건 아니지만 공부하는 중간 중간 해봤던 일들을 후회하지 않는다. 다시 돌아와 공무원 공부를 했고 원하던 공무원을 하고 있기 때문이다.

나처럼 미련이 남아 다시 공부하는 경우도 있고 공부가 지긋지긋해 쳐다보기도 싫은 사람들도 있을 것이다. 결정은 본인 몫이다. 포기했다고 실패했다고 말할 수 없다. 최선을 다했다면 또 다른 기회가 생긴다.

"시험에 합격만 해봐라. 실컷 놀고 하고 싶은 거 다 해봐야지!"

시험에 합격하면 세상을 다 가진 것처럼 행복할 줄 알았다. 물론 장기간의 공무원 수험생활에 종지부를 찍었으니 합격의 기쁨은 이루 말할 수 없었다. 하지만 입직 후 연차가 쌓이면서 '그냥 정신없이, 생각 없이 살고 있는 나'를 발견하게 되었다.

수험생 때는 합격만을 간절히 바란다. 일만 시켜주면 충성을 다하겠다고 한다. 어느덧 초심이 슬며시 사라지는 때가 온다.

'내가 이러려고 공무원 됐나?'

기한 내 쳐내야 하는 업무 압박, 승진공부는 이번에 할 것인가, 말 것인가에 대한 고뇌, 연말을 마무리하고 새해마다 작성하는 버킷리스트 중 하나도 지워나가기 힘들다. 가계부 작성, 매일 일기 쓰기, 영어회화 공부 등 하고 싶은 것들은 많았지만 실천은 미지수다.

실컷 놀고 하고 싶은 것 다 할 수 있을지 알았다. 할 수는 있다. 그러려면 돈이 필요하다. 순경 1호봉은 1,686,500원이다. 실 수령액은 이보다 더 적다. 돈을 보고 경찰에 입직한 건 아니지만 월급 명세서를 보고 있으면 한숨이 나올 때가 많다.

"아직도 실 수령액이 200만 원도 안 되네."

작년 경장 7호봉에 실수령액이 200만 원도 안 됐다. 공과금, 생활비, 자동차 유지비 등 빠지고 나면 남은 금액이 얼마 없다. 그마저도 대인관계를 유지하기 위한 비용으로 나간다. 모으는 돈 없이 쓰며 살고 있는 나를 보며 엄마는 이렇게 말했다.

"좀 아껴 써, 옛날에는 먹고 싶은 거 먹지도 않고 입고 싶은 옷도 못 사고 아껴서 살았어."

"엄마, 요즘 누가 그러고 살아. 내 월급 봤죠? 모을 수가 없어요~."

공무원이 되어도 끝이 아니다. 조직 안과 밖에서 나름대로 살아갈 궁리를 해야 하는 세상이다. 주변 선·후배들을 보면 공무원이 박봉이라 재테크도 빚을 내서 하고 있다. 공무원에 합격했다고 남들이 부러워할 만한 성공한 인생이라고 말하지 않는다.

'직업에는 귀천이 없다'고 했다. 남들 다 부러워하는 판·검사, 의사라도 억지로 일하고 사는 게 불행하다면 진정 행복한 인생일까. 남들이 꺼려하고 가지 않는 일이라도 나에게 맞을 수 있다.

지금도 공시생들은 학원, 독서실, 도서관에서 열심히 공부하고 있을 것이다.

'남들 하니까 나도 공무원 준비해야지.'
'특별한 기술도 없고 내세울 게 없으니까 공무원 준비해야지.'
남들이 정해놓은 사회적 기준에 따라, 혹은 공무원이 쉬워보여서 선택하지 말았으면 한다. 공무원 일은 생각보다 만만치 않다. 세상 사람들의 잣대가 아닌 나만의 잣대로 세상을 바라보고 살아가면 좋겠다.

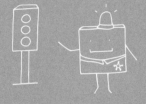

3장

조직생활로
진짜 어른 되기

01

울음, 여경에게
무기가 아닙니다

울음의 사전적 의미는 기쁘거나 슬픈 감정을 억누르지 못하거나 아픔을 참지 못하여 눈물을 흘리는 것이다. 소리 없이 눈물만 흘리거나 소리 내어 울기도 한다.

고백하기 부끄럽지만 나는 부서에 처음 들어가서 적응할 때 울었던 적이 몇 번 있었다. 일을 파악하고 있는 상태에서 일들이 몰려올 땐 나도 모르게 감정에 복받쳐서 울었던 것 같다.

의무경찰계에서 근무할 때였다. 의경 통·폐합 관련해서 내려오는 업무가 많았다. 원래 담당업무도 있는데 추가로 업무 지시가 내려왔다. 회의 자리였다. 나도 모르게 눈물이 흘러내렸다. 서류로 얼굴을 가리고 있는데 훌쩍이는 소리가 나서 모를 리가 없었다.

계장님과 주임님도 속으로 놀라셨을 것이다. 결국 주임님이 도와주셔서 일을 끝마쳤지만 물어가며 할 수 있었는데 저절로 눈물이 나는 바람에 어쩔 도리가 없었다. 아니면 "계장님, 지금 제 업무가 있어서 같이 하면 안 될까요?" 라고 말을 했으면 좋았겠지만 당시 감정상태가 이성적인 상황이 아니어서 어떻게 할 수 없었다.

직장에서 사람들과의 관계 속에서 일을 하다 보면 울음이 나오는 경우가 있다. 억울하거나 자존심이 상해 서러워서 울기도 한다. 그런데 직장에서 여자들이 울 때 부정적으로 인식하는 경향이 있다. 상대방의 감정을 누르기 위함이거나 잘못을 회피하기 위해 운다는 인식이다.

사회에서 눈물을 자주 흘리는 사람을 마음이 여리고 미성숙한 사람으로 본다. 똑같이 힘든 상황에서도 울지 않는 사람이 있기 때문이다. 내가 근무하며 울었던 경험이 있어서 여경 선배한테 물어보았다.

"선배는 근무하면서 사무실에서 울었던 적 있어요?"
"아니, 없는데."
"나는 부서 이동해서 적응할 때 운 적 있는데."
"음… 그럼 너가 울보인 걸로."

순간 웃음이 나왔다. 선배는 원래 심지가 강하다. 어렸을 때 태도권 선수를 할 정도였으니 멘탈의 강인함도 갖춘 것 같다. 그런데 사람마다 울음의 원인 되는 상황은 다를 수 있다고 생각한다. 일이 힘든 게 아니라 사람이 힘들어서 울기도 한다.

동기가 신임 때 초임지에서 울었던 적이 있다고 했다. 야간 근무해서 피곤한데 다음 날 아침 퇴근하려고 하니 회식을 한다는 것이었다. 피곤해서 못 가겠다고 했더니 막 뭐라고 하는 바람에 그 앞에서 눈물이 흘러나왔다고 했다.

워라밸이 강조되기 이전 기성세대들에게 회식은 업무의 연장이다. "오늘 회식이다!"라고 하면 약속이 있어도 취소하고 참석해야했다. 왜냐하면 윗사람들에게 눈밖에 날까 봐 그렇다. 그런데 90년대생들이 들어오고 문화가 달라졌다. 90년생인 동기는 업무가끝나면 휴식을 해야 한다. 그런데 야간 근무로 힘들고 피곤한데 집에도 못가고 회식을 한다고 하니 이해가 가지 않는다. 참다가 폭발한 울음이었을 것이다.

또 다른 동기가 여성청소년수사팀에서 근무했을 때였다. 진술녹화실에서 여러 개의 전과가 있는 흉악범과 마주한 상황이었다. 조사 과정에서 가해자가 동기에게 소리 지르고 쌍욕을 했다고 한다. 가해자가 무섭기도 했고 감정 컨트롤이 안 돼서 울음이 나왔다고 한다. 직원들도 그 가해자를 통제하기 어려워한 상황이었다고하니 분위기가 어땠을지 짐작이 갔다.

사람과 지내다보면 상대방에게 속상한 감정을 느껴 울음이 나오는 경우가 있다. 민원인, 후배 등 직원들이 보는 앞에서 대놓고 무안을 주는 말을 하거나 무시한다. 후배가 근무할 때 업무적으로 무시당해서 울컥한 적이 있다고 했다. 전송한 파일을 잘못 보냈다고 했다.

"ㅇ경장, 군대 같았으면 짐 싸서 나가라고 했어."

큰 실수도 아니었다. 충분히 좋은 말로 맞는 파일을 보내달라고 할 수 있는 상황이었다. 당시 업무가 엄청 많아 바탕화면에 업무파일로 꽉 차 있는 상황에서 자존심을 짓밟아 기분이 무척 상했다고 한다.

일을 하면서 종종 두렵거나 어처구니없는 상황에 맞닥뜨리게 된다. 흉악범에게 조서를 받거나 지구대에서 주취자에게 머리채 잡히게 되거나 업무적으로 무시당하면 기분 나쁘고 속상하다. 사람이기 때문에 느끼는 감정은 비슷할 것이다. 울음으로 감정이 표출되는 사람이 있고 억누르는 사람도 있다.

울음치료법이 있는 것으로 알고 있다. 우는 것이 사람에게 효과가 있기 때문이다. 미국의 윌리엄 프레이어 박사가 눈물이 건강에 좋다고 처음으로 제시했다고 한다. 눈물을 3가지로 구분한다.

첫 번째는 평상시 우리 눈에는 보이지 않는 눈물로 눈동자를 깜박거릴 때마다 조금씩 배출되어 눈동자 표면에 골고루 분포되어 있고 외부에서 침입하는 세균과 박테리아 등을 세척해주는 역할을 한다고 한다.

두 번째는 양파 깔 때와 같이 자극에 의한 눈물로 자극적인 물질을 희석하기 위해 자동으로 흘리는 눈물이다.

마지막은 감정에 의한 눈물이다. 감정의 무절제 상태에서 나오는 눈물로 우리 몸이 스트레스 받았을 때 세포에 화학적 반응을 일으키는 물질들(스트레스 호르몬)을 몸 밖으로 배출한다고 한다.

감정에 북받쳐 나오는 눈물은 스트레스 호르몬이 들어 있다는 말이다. 눈물을 흘리는 것은 스트레스를 밖으로 내보낸다는 말이 된다. 따라서 울면 건강에 좋다는 말도 된다.

원인이 일이든 사람이든 울음은 감정이 수반되어 나오는 생리적인 현상이다. "울음을 참으면 병이 된다."라는 말처럼 울음이 나올 때는 울어야 한다. 인간은 세상에 나올 때 울음을 터뜨리고 태어난다. 말 못하는 아기는 배고프거나 짜증나거나 졸릴 때 울음으로 의사를 표시한다.

울고 나면 속상하고 서러운 감정이 사라지고 다시 마음을 잡고 일할 수 있게 된다. 가장 원초적이고 단순한 표현인 우는 것이 못난 일이거나 실패했을 때만 우는 것은 아니라고 생각했으면 좋겠다.

02

지구대 근무,
일선을 마주하다

　신임경찰이 중앙경찰학교를 졸업하고 발령받아 처음 근무하게
되는 곳은 경찰서 지구대·파출소다. 중앙경찰학교 교육기간은 때
마다 다르다.

　내가 입교했을 때는 학교 교육과정 6개월과 2개월의 지구대·
파출소 실습으로 총 8개월 과정이었다. 지구대·파출소 실습 때
이미 임용되었다. 실습이라고 하지만 임용되었기 때문에 실전에
임하는 자세로 배워야 했다.

지구대·파출소 기준은 관할지역 인구가 2만 명 또는 신고건수 1,500건 이상이다. 내가 발령받은 경찰서는 네 개의 지구대와 두 개의 파출소가 있다. 시·도 경찰청 내에서도 중간 정도의 치안수요가 있는 경찰서라 직원들의 선호도가 높았다. 경찰로 보람 있는 일을 한다지만 그래도 일은 일일 뿐인 것 같았다. 나는 실습은 2개월 동안 파출소에서 했고 정식 발령지는 지구대였다. 확실히 파출소는 지구대보다 신고 건수가 적었다. 그렇다고 파출소가 지구대 근무보다 덜 위험한 것은 아니다.

가정폭력 신고가 떨어졌다. 파출소에서 실습할 때였다.

'가정폭력이라니.' 단순한 신고만 받다가 긴장됐다. 칼을 들고 위협할 수 있는 위험한 상항이 발생할지도 모른다. 지구대·파출소는 2인 1조로 현장 출동을 나가게 된다. 물론 사수가 리드해주기 때문에 걱정이 덜 했지만 현장 출동은 항상 긴장된다.

현장에 도착해서 피·가해자 간 분리조치를 했다. 다행히 위험한 상황은 아니었고 사수가 남성과 잘 이야기하고 현장에서 종결되어 무사히 마무리됐다. 그 당시 사수가 그 남성에게 차분하게 말씀하시고 진정시키는 모습을 보니 부럽고 존경스러웠다.

'아, 이래서 경험과 경력은 무시할 수 없구나.', '나도 언젠가는 사건을 잘 처리할 수 있는 날이 오겠지.'라고 감탄했다.

파출소에서 2개월 간 실습을 마치고 지구대로 발령받아 근무를 시작했다. 지구대 근무 6개월 하고 경찰서 내근업무를 하게 됐다. 현장 경험인 지구대 근무는 짧지만 잊을 수 없는 시간이었다.

경찰학교 교육과정 중 현장에서 사용하는 무전용어를 암기하고 연습한다. 실제 112상황실에서 지령이 떨어지면 신고지로 출동할 때부터 현장 종결까지 상황실과 무전기로 교신한다. 교육 때 연습해봤으니 실전에서 무전한다면 음어(암호)를 능수능란하게 사용할 것 같았다.

그런데 상황은 정반대였다. 잘해야 한다는 생각에 말해야 할 때 가슴이 두근거리고 말하기 전에 심호흡부터 해야 했다. 할 말을 미리 머릿속에 생각하고 무전기 버튼을 눌렀다.

'버벅거리기라도 하면 정말 민망할 건데.' '내 동기들도 다 들을 텐데'.

온갖 생각들이 스쳐 지나갔다. 경찰서 112상황실 직원 분들과 동시간대 근무하는 팀은 다 들을 수 있다. 직원들 사이에서 "방금 무전한 여경 누구야? 무전 잘하는데." 등 평가들이 오고간다. 그래서 처음에 더 긴장했던 것 같다. 무전도 익숙해지면 별게 아니듯 역시 시간이 지나면 떨림은 잦아들고 평상시 전화하듯 편해지게 된다. 교육과 실전은 엄연히 다르다는 것을 몸소 체감했다.

일할 때 누구나 퇴근이 그리워지기 마련이다. 우리끼리 넋두리 하듯 "출근하니까 퇴근하고 싶다."라고 장난치듯 말하곤 했다. 야간근무를 시작한다. 어느덧 새벽이 지나 아침이 밝아온다. 퇴근 시간만을 기다리며 사무실에서 대기하고 있는데 출동신고가 떨어졌다. 변사자 신고다. 지구대에서 1차적으로 초동조치를 해야 한다. 실습 때도 그랬지만 우리 팀이 유난히 변사자 신고가 많다고 이야기하곤 했다. 연로하거나 질병으로 인한 사망도 있지만 투신, 목맴과 같은 자살도 있다.

파출소 실습 때였다. 근무하고 처음으로 변사자 신고가 들어왔다. 어떤 모습일지 딱히 상상하지 않고 아무 생각 없이 출동했다. 신고 위치가 공원이었다. 저녁이라 어두워서 플래시를 꺼내들고 찾았다. 저쪽 나무 아래에 낮은 자세로 웅크리고 있는 모습이 어렴풋이 보였다. 가까이 다가가 얼굴을 비춰보았다. 나무에 끈을 묶어 자살한 목맴사였다. 중년의 남성으로 보였다. 얼굴은 죽은 듯 창백했다. 사망을 확인하고 119에 연락한 후 사건을 마무리지었다.

지구대 근무 때도 여러 번 변사신고로 출동했다. 요양병원에서 생을 마감하신 할아버지, 결혼한 지 얼마 안 된 여성이 유서를 남기고 자택 화장실에서 목을 매고 자살한 사건, 20대 젊은 나이에 상가건물 화장실에서 목을 맨 사건 등 구구절절 사연은 모르지만 슬프고 안타까웠다.

자연사와 달리 나이 불문하고 극단적인 선택으로 생을 마감한 분들을 보면 한편으로 '얼마나 힘들었으면 스스로 생을 끝마치려 했을까?'라며 이해해 본다. 먼저 가신 분들을 애도한다. 다음 생에는 행복한 인생을 살다 가셨으면 좋겠다.

같이 출동했던 주임님의 말씀이 떠오른다.

"우리가 가서 망자의 영혼을 달래주고 오라고 신고가 떨어지는 것이다."

지구대 근무는 다이내믹하다. 경찰이라는 직업을 갖고 있어 가능한 것 같다. 한번은 '어떤 집에서 도박을 하고 있다'는 신고로 출동한 적이 있다. 주택가에 위치했다. 빠르게 들어갔는데도 누군가 신고했을지도 모른다고 짐작했던 것 같다. 들어갔을 때 사람들은 이미 흩어졌다. 화투인지 카드인지도 모를 증거를 감춰 조사할 수가 없었다. 도박은 대개 판에서 진 사람이 억울한 마음이 들고 복수심에서 집에서 나오면서 신고한다. 집에서도 하고 가게 안쪽 방에서도 노름을 한다.

아쉽게 우리 팀에서 잡은 적은 없었다. 다른 지구대나 형사가 잡은 경우 경찰서에서 연락이 올 때가 있었다. 도박장에서 체포한 여자 피의자들이 있어서 유치장에 수감하기 위해 여경이 필요하다고 했다. 이런 경우 근무가 아니더라도 심야시간에 전화가 오면 피치 못할 사정이 없는 한 지원을 나가야 한다. 특히 신임 때라 언제 부를지 모를 전화로 긴장을 했던 적이 있었다.

지구대·파출소 근무는 녹록지 않다. 항상 착용하는 조끼는 여름에 유난히 땀복처럼 덥다. 조끼에 수갑, 가스총이나 삼단봉 또는 테이저건을 차고 업무폰인 폴리폰, 무전기를 넣는다. 메모용 수첩까지 달린 게 많아 그렇다. 근무모도 써 이마에는 땀이 송송 맺히기도 한다.

겨울에 유난히 추운 날이면 손이 얼어서 펜을 제대로 잡기가 힘들다. 추워서 나도 모르게 위아래 이빨이 부딪쳐 '따다다다다' 소리가 귀에 들린다. 그래도 경찰이니까 약한 모습을 보이면 안되기에 이를 물고 참는다.

지구대·파출소에서 거뜬히 교대근무를 하려면 평상시 운동으로 체력을 기르고 유지해야 한다. 밤샘 근무는 체력을 저하시켜 수

명도 단축시키고 각종 질병에 걸릴 확률도 높다. 지역경찰 근무하시는 직원 분들 중에 만성 허리디스크로 고생하시는 분들이 많이 있다. 나도 나중에 허리디스크로 고생한 1인이었다. 그때는 허벅지 통증이 허리디스크의 전조 증상이었다는 것을 몰랐지만 말이다.

그래도 지역경찰은 관내 주민들이 평안하도록 치안을 책임지는 일을 한다. 우리 지역경찰은 자부심으로 오늘도 달린다.

03

선배에게 배워
후배에게
알려주고 싶은 것들

중앙경찰학교에서 담당 지도관님이 교양할 때 항상 하신 말씀이
있었다.

"실습지, 근무지 가면 항상 직원들에게 인사해라." "화장실 청소
열심히 해라."

실습지, 발령 받은 지구대에 가서 지도관님 조언에 따라 직원들

에게 인사했다. "안녕하십니까!" '다나까' 쓰지 말라고 하는데도 신참이니 왠지 더 그래야만 할 것 같았다. 지금도 '다나까'는 어색하다. 그래서 "안녕하세요."라고 하기도 하고 "안녕하십니까."도 사용한다. 지구대에서 화장실 청소는 야간 근무가 끝나기 전에 했다. 경찰서, 시·도청은 주기적으로 청소해주시는 분들이 계셔서 화장실 청소는 안하지만 사무실 청소는 직원들이 해야 한다.

생활하며 보니 지도관님이 '인사'와 '청소'를 왜 강조했는지 이해가 되었다. 인사는 사회생활을 할 때 기본예절이다. 그리고 신임에게 인사는 처음 들어가는 직장의 동료들에게 자신을 알리는 행위가 된다. 특히 지구대·파출소, 경찰서는 시·도청보다 직원 수가 적어 누가 신임인지 알기 쉽다.

마주쳐도 고개만 까딱하거나 인사 없이 쓱 지나가면 어떻게 생각할까? 그 사람을 보이는 대로 평가하기 때문에 절대 좋은 인상을 줄 수 없다. 기본이 없다고 생각하고 다른 직원들이 "○○○는 사람을 봐도 인사를 안 해."라며 좋지 않게 평가한다. 게다가 안 좋은 소문나기도 한다. 청소도 마찬가지다. 선배가 앞에서 빗자루 들고 쓰고 있는데 쳐다보고만 있다고 치자. 물론 본인 업무가 바빠서 틈이 없다면 예외적인 상황이라 치지만 그렇지 않다면 좋아 보일 리가 없다.

　같이 일했던 동기는 인사성이 밝다. 사무실 안팎에서 마주치면 두 번이건 세 번이건 씩씩하게 인사한다. 그래서 그런지 선배들은 예의가 바른 동기를 좋아한다. 화장실에서 마주치면 명랑한 목소리로 "안녕하세요!" 라고 먼저 인사하는 선배가 있다. 처음에는 놀랐다. 먼저 인사해주는 선배는 흔치 않았기 때문이었다. 선·후배 상관없이 인사성이 좋으신 분이었다. 역시 동료들에게 일 잘하고 좋은 사람으로 알려져 있었다. 선배를 보면서 나도 '먼저 인사해주고 다가와주는 선배가 돼야겠다.'라고 생각했다.

　경찰서에서 2~3년 차에 후배들이 들어왔다. 시·도청에 근무할 때는 내가 막내였기 때문에 몰랐다가 다시 '선배구나.'라고 느껴졌던 적이 있었다. 교육을 받으러 오는 신임들이 오며가며 "안녕하세요!"라고 인사할 때다. 인사 잘하는 후배가 예뻐 보인다. 나도 마찬가지였다.

선배나 동기들과 직장, 업무 이야기하면서 물어보았다. "후배가 들어온다면 무슨 이야기를 해주고 싶으세요?"

A선배 : "나는 후배들에게 냉소주의에 빠지지 말라고 말해주고 싶어. 조직을 비관적으로 보기 시작하면 아무리 좋은 정책과 제도라도 냉소적으로 바라보게 돼. 냉소주의적인 선배가 옆에 있으면 후배도 물드는 경우가 있어. '이거 왜 해야 해. 하지 마! 이런 출동까지 나가야 해?'라며 하루 종일 비난하고 조소해. 그러면 후배는 자신도 모르게 계속 안 좋은 방향으로 태도가 바뀌어. 적당히 해도 돈이 나오니까. 나중에는 똑같이 냉소적으로 변해버린 나를 보고 놀랐어. 살면서 가장 쉬운 게 비난이나 비판하고 조롱하는 거야. 그러면 자기 삶의 대안이 없어져 버려. 직장생활이며 인생이 별 볼 일 없고 무의미해서 그냥 그렇게 살다 끝나는 거야."

냉소주의는 정치, 철학분야에서 사용하는 어휘지만 『경찰학』에서 경찰윤리 파트에 나오는 용어다. 의미는 합리적 근거 없이 사회에 대한 신념의 결여로 대안 없이 경멸하고 대상을 무시하는 태도를 말한다. 기본적으로 불신을 깔고 있고 대상을 개선시키겠다는 의지 없이 불평, 불만을 늘어놓는다.

근무를 하다보면 냉소주의적인 선배가 있다. 매사에 "왜 시키냐?"라며 투덜대고 시행하는 정책들을 불필요한 전시행정이라 치부하고 만다. 그런 선배들은 들어와서 배우며 성장해야 할 신임들에게 발전적이고 희망적인 이야기를 해줄 수 없다.

요즘 경찰에 입직하는 사람들은 사리분별을 잘하고 똑똑할 것이다. 부정적인 말들은 한 귀로 듣고 한 귀로 흘리면 된다. 나름 생각을 해보고 주변의 현명한 선배들에게 조언을 구하면 될 것이다. 그리고 본인 일을 충실하게 하면 된다.

B선배 : "나는 후배들이 지구대 초임 근무하면서 자기 적성을 빨리 찾았으면 좋겠어. 나는 지구대 있을 때 독자투고를 썼는데 내 글을 보고 경무, 정보과에서 오라고 연락이 왔어. 선배에게 배우고 경험하면서 자신의 특장점을 발견할 수 있거든. 지구대 근무도 장점이 많지만 계속 지구대에 있기보다는 주특기를 살릴 수 있는 부서나 관심 있는 부서로 옮겨서 근무해보라고 말해주고 싶어."

선배의 이야기에 무척 공감이 간다. 나는 지구대에서 6개월 근무하고 경찰서 경무계에 들어갔다. 선배처럼 글을 잘 써서 들어간 게 아니라 기회가 왔는데 운이 좋아서 들어갔을 뿐이었다. 내·외근 모두 장단이 있지만 그 덕에 경찰서에 근무할 수 있었다.

내가 경찰에 입직할 시기는 여경 선발인원이 예전과 달리 두세 배 많았을 때였다. 여경 인원은 많아졌는데 본서 내근업무 자리는 한정돼 있어 기회가 있을 때 들어가야 한다. 그래야 일하다가 다른 부서로 옮기는 게 수월했다. 나는 2년 차에 여성청소년과로 부서를 이동한 후 만족하기 시작했고 이쪽 분야의 공부를 더 해야겠다는 생각이 들었다.

여러 부서의 업무 중 적성에 맞는 분야의 업무를 찾게 되면 형사통, 수사통, 정보통이라고 하듯 전문 영역을 확보하게 된다. 선배처럼 정보과에 가서 각종 보고서를 작성하며 능력을 더욱 향상시킨다면 글쓰기의 두려움이 없어진다. 글쓰기 능력이 더욱 향상되어 책을 출간하고 싶어진다. 결국 책을 출간하게 되는 일까지 생긴다. 일하면서 적성에 맞는 업무를 발견하는 일만큼 중요한 것은 없을 것이다.

C선배 : "나는 지역경찰 업무를 주로 했는데 업무를 하면서 후배에게 이야기해주고 싶은 말은 경찰관 스스로 안전을 지켜야 한다는 거야. 112 신고현장은 긴급하고 돌발 상황이 많지. 교통사고 신고를 처리하다 2차 사고가 발생해 경찰관이 사망하는 경우도 있고 자살현장에서 사람 구하려다가 난간에서 떨어진 직원도 있어. 그리고 가정폭력 현장에 나가서 진술을 듣는데 관련자가 갑자기 욱해서 주방에 있는 칼을 꺼내들기도 해. 그래서 나는 가정폭력 현장 나가면 주방 쪽으로 못 가게 하고 경찰관 시야 안에서 행동하게끔 해. 우리는 위험상황에 직면할 때가 많기 때문에 장비도 반드시 체크하고 매뉴얼도 숙지해서 출동해야 해. 사건 종료 후에는 피드백으로 보완해야 하고. 관련 규정과 매뉴얼을 숙지하고 더 나아가 안전에 신경 쓰라고 이야기해주고 싶어. 그래야 국민의 안전도 지킬 수 있다고 생각해."

지역경찰 업무를 이미 겪었던 선배들이 하나같이 이야기한다. 살인, 패싸움 현장보다 가정폭력 현장이 제일 무섭다고. 증오심으로 뒤덮여 앞뒤가 안 보이는 사람들이기 때문에 항상 경계해야 한다고 한다. 결국 내 안전은 내가 책임져야 한다는 사실을 다시 한 번 깨닫는다.

D동기 : "후배들이 워라밸을 추구하면 좋겠어. 건강이 가장 중요하니 평소 운동을 꾸준히 하고 취미, 여행 등 하고 싶은 것들을 하며 마음의 여유를 가졌으면 해. 워라밸을 이야기한 이유는 우리 조직이 계급사회이긴 하지만 계급이 전부인 양, 오로지 승진만 좇는 편향된 이들이 생기는 것 같아서 그래. 항상 원하는 시기에 바로 승진 할 수 없으니까 조금은 내려놓고 여유 있는 마음자세를 갖는 것이 어떨까."

요즘 세대들은 워라밸을 추구한다고 한다. 일도 중요하지만 내 생활도 중요하다. 한편 직장인에게는 승진문제가 있다. 특히 경찰처럼 위계질서가 명확한 조직에서 승진에 비중을 두는 삶을 사는 사람들이 많은 건 사실이다.

승진을 하려는 또 다른 이유로 승진 소요연수가 짧아진 이유도 있을 것 같다. 20여 년 전 선배들 이야기만 들어도 경사로 퇴직하는 경찰이 부지기수다. 승진 인원수도 워낙 적어 시험승진 진입장 벽이 높았다면 요즘은 마음만 먹으면 시험으로 초고속 승진이 가 능하기 때문이 아닌가 생각한다.

각자의 경험에서 얻은 조언을 들으니 느끼는 바가 많았다. 많은 선배들이 자신의 경험을 토대로 후배에게 조언을 한다. 스스로 취 사선택해서 적용한다면 슬기로운 직장생활을 할 수 있을 것이다.

04

경찰이 되고
진짜 어른이 되었습니다

어른이란 다 자라서 자기 일에 책임을 질 수 있는 사람이라고 한다. 수험생활만 10년. 그동안 이런 저런 일들을 하긴 했지만 정식으로 일을 한 것은 경찰에 들어와서 처음이다.

경찰 생활의 절반 이상을 여성청소년과에서 근무하고 있다. 다른 부서에서 짧게 일하기도 했지만 여성청소년과에 있으면서 업무를 많이 배웠고 성장했다 해도 과언이 아니다.

경찰서 학교전담경찰관(SPO)은 범죄소년과 비행청소년이 재범·재비행을 하지 않도록 선도프로그램을 운영하고 있다. 처음에 담당 업무를 하면서 '과연 우리가 이렇게 한다고 아이들의 비행을 예방할까? 가정에서도 신경을 안 쓰는데 어떻게 우리가 선도한다고 바뀔까?'라고 의문을 품었다.

문제 아이들을 만나면 기선제압을 했다. 특히 장난치며 까불대는 아이들이면 더 그렇게 했다.

"야! 너희들 지금 경찰서에 놀러왔어? 잘못한 것도 모르고. 정신 안차려!"

아이들에게 대하는 방식은 사람마다 다르지만 나는 처음에 강압적으로 하면 잘 들을까 싶어 말 잘 안 들으면 아이들에게 소리 지르고 화를 냈다.

학교전담경찰관은 2~3급지 경찰서를 제외하고 팀장제 시스템이다. 보통 네다섯 명에서 많으면 여덟 명까지 구성되어 있다. 내가 속한 경찰서는 총 네 명에 팀장 한 명이었다. 팀장님은 20년 넘게 경찰생활을 하고 계신다. 선도프로그램 등 아이들을 데리고 선도활동을 할 때 팀장님은 화를 낸 적이 없다. 어떤 아이들이건 자상하고 편안한 말투로 대하신다.

"상희야, 아이들에게 소리치고 화를 낸다고 달라지지 않아. 그렇게 하면 아이들은 더 반감이 생기고 어른들을 믿지 않아. 우리가 만나는 아이들은 주로 부모나 교사 같은 어른들에게 상처받은 아이들이야. 우리가 차갑게 하면 아이들에게 더 상처가 될 수도 있어."

팀장님 말씀을 듣고 내 행동을 다시 생각해보게 됐다. 범죄나 비행으로 경찰서에 오는 아이들은 상처받은 아이들이다. 마음을 이해해주지 못하는 어른들에게 받은 상처로 분노와 반항심이 생겨난다. 폭력, 절도, 술 마시고 담배 피우는 등 비행을 저지르며 스트레스를 외부에서 풀게 된다.

그 후로 아이들이 오면 부드럽고 친절하게 말했다. 잘못을 인정하고 반성하는 아이는 기가 눌려 온다. 이런 아이들에게는 말도 더 붙이고 친근하게 대했다. 방식만 바꿔도 아이들과 라포형성이 되고 편해질 수 있다. 하루아침에 바뀌지는 않는다. 하지만 지속적으로 아이들의 이야기에 귀 기울여주면 편견과 선입관도 없어지고 아이들도 조금씩 바뀌게 된다.

 학교전담경찰관 업무는 선도활동 외에도 다양하다. 지자체, 학교, 청소년 센터 등 협력기관과 간담회, 워크숍 및 캠페인 등 홍보활동을 한다. 또한 명예경찰소년소녀단과 봉사활동, 경찰서 체험 등 외부활동을 하며 경찰을 알리고 아이들이 또래 지킴이로 역할을 할 수 있게 돕는다. 남들은 평생 못해볼 수 있는 일들을 3년 동안 경험했다. K팀장님, KS, MH여경 선배, NH동기, YG, AR 후배들과 함께하며 성장했고 그들은 모두 배움의 대상이었다.

 경찰서에서 시 · 도청으로 근무지를 이동했다. 경찰서 학교전담경찰관 업무는 학교폭력, 청소년 선도업무를 모두 다 했다. 내 · 외근이 버무려진 업무였다. 옮긴 부서인 아동청소년계는 경찰서 여성청소년계의 상위 부서로 학교폭력, 청소년 업무 담당자가 각각 있다. 나는 청소년 업무를 담당했다.

"우리는 학교폭력, 청소년 선도 모두 다하지만 청에서는 우리가 하는 일에 담당자가 두 명이나 있잖아. 그럼 훨씬 수월한 거 아닐까?"

학교전담경찰관 하면서 했던 말이다. 업무를 하달하기만 하고, 일만 시킨다고 생각했다. 그런데 청에 들어와서 근무해보니 오산이었다. 역시 '사람은 겪어봐야 하고 일은 직접 해봐야 한다'고 했던가. 청소년 선도·보호 업무만 해도 선도프로그램, 위기청소년 발굴·지원, 명예경찰소년소녀단, 청소년경찰학교 등 가짓수가 열 개가 넘었다.

'내가 여기에 잘못 왔나?'

나에게 오라고 한 동생이 업무로 힘들어할 때 웃으라고 농담반

진담반으로 이야기한다.

"내가 누나 꾀어서 이 자리 오라고 했지. 일 없다고. 하하하하."

내근만 20년 넘게 하신 당시 주임님께서 말씀하셨다.

"상희야! 힘들어도 여기서 2년 이상 하면 다른 데 가서도 잘 할수 있으니까 힘들어도 참고 잘 배워 둬."

1년 같이 근무하고 승진하셔서 지금은 다른 곳에서 팀장으로 근무하고 계신다. 계획서, 보고서 작성 및 업무파일 관리 등 꼼꼼하게 알려주셔서 업무는 많았지만 해나갈 수 있었다.

학교전담경찰관은 외근업무도 있어 사무실에서 계속 계획서나 보고서 등 문서 작성하는 일을 많이 하지 않는다. 그런데 아동청소년계 업무는 거의 컴퓨터 앞에 앉아서 일을 한다. 10시간 넘게 모니터만 보고 일하는 날이 많았다. 눈이 피로했는지 눈 흰자에 물집이 잡혔고 계속 앉아만 있으니 소화가 잘 안 돼 위장이 약해지기도 했다. 장시간 일을 하면서 없던 병도 생기는 것 같았다.

집에 돌아가면 업무로 인한 긴장감이 풀려서 그런지 아무것도 못하고 뻗었다. 퇴근해서 쉬고, 주말에도 쉬면서 지냈던 시기였다. 체력은 약해져 있었지만 2년 동안 잘 극복했던 것 같다. 업무가 많아서 체력적으로 힘들기는 했지만 같은 사무실에서 좋으신 분들과 일한 것은 나에게 행운이었다.

다른 사람들도 선호하는 편한 부서에 가서 업무하면 몇 년이 지나도 업무능력이 향상되기 어렵다. 신임 때는 체력도 좋고 의욕도 많은 시기기 때문에 어렵고 힘들더라도 경험해보고 역량을 키울 수 있는 부서를 찾아 적극적으로 일해보면 좋을 것 같다.

물론 내가 근무한 곳보다 더 어렵고 힘든 업무를 하는 부서도 많이 있다. 느끼는 부분은 각자 다르다. 이전보다 힘든 부서에서 일했기 때문에 그렇게 생각할 수도 있다. 어찌되었든 나에게 힘든 시기가 있었기 때문에 내가 한층 더 성장했다고 생각한다. 선 · 후배들과 소통하면서 사람들과 부대끼며 배우고 이렇게 어른이 되어간다.

05

충성!
여경도 경찰관입니다

경찰청에서 주관한 '여성 경찰 혐오 담론 분석 및 대응방안 연구' 용역보고서에 따르면 여경 무용론 확산에는 경찰의 성별 직무 분리 관행과 여성에게 동등한 경찰 활동 참여 기회를 주지 않는 기성세대 경찰관들의 관행을 원인으로 분석했다.(참고: 〈한국일보〉 기사. 2022.1.28.)

성별 직무 분리 관행의 뿌리는 경찰 채용시험 제도에서부터 시작되는 것 같다. 일반행정직, 교육직, 법원·검찰직 등 공무원 채용시험에서 경찰만 남녀 채용인원을 구분해서 채용한다. 경찰은 범인을 잡고 힘을 쓰는 남성의 일이라는 인식이 전제로 깔려 있기 때문이다. 따라서 기본적으로 남녀의 신체적 특성 차이를 감안해 남녀 정원과 체력검사에서 차등을 두고 입직해서도 여경은 주로 내근, 민원응대 부서에서 근무한다.

여경은 채용될 때부터 차별을 받고 입직해서 생활하게 된다. 소수의 정원을 놓고 경쟁해서 선발하니 여경들조차도 차별을 당연히 받아들이고 여경끼리 경쟁하는 시스템을 당연시하게 된다.

"경찰이 된 이유 중 하나가 많고 다양한 부서를 갈 수 있다는 점이었어요. 들어와보니 임신하고 출산한 여경 선배들이 갈 수 있는 곳이 한정되어 있고 아직 내부 직원들에게 여경 기피현상이 존재하고 있어서 현실적으로 이동할 수 있는 부서가 한정적이라고 생각해요."

현직 대다수 여경의 생각이다. 나도 마찬가지로 근무하면서 느끼는 부분이었다. 하지만 여경 스스로 한계를 정한다고 볼 수 있다. 정보과에서 오래 근무한 여경 선배가 있다. 정보과는 여경 진입이 쉽지 않은 부서라고 생각한다. 정보관은 외부 사람들과 접촉이 잦다. 정보 업무가 정보를 얻기 위해 외근활동을 주로 하고 술자리가 많아 여경은 근무하기 힘들다고 막연히 생각한다. 선배는 말한다.

　　"후배들이 나한테 물어봐. 어떻게 하면 정보과에 들어갈 수 있는지. 특히 아이 키우는 후배들은 겁나는 거야. 부부경찰이라도 엄마가 아이를 계속 봐야 한다는 것은 없거든. 둘이 같이 일하면 서로 사정 아니까 남편도 아이 봐주고 아내에게 해보고 싶은 일 하라고 할 수 있거든. 여경들이 진입 장벽을 높게 바라보고 시도조차 하지 않는 게 안타까워. 타 청 친한 여경이 노동조합 담당 외근업무 하고 있어. 일하는 게 어떤지 물어보니까 힘들지만 여경도 충분히 할 수 있는 업무라고 이야기해."

선배의 이야기를 들으면서 남녀의 문제가 아니고 개인의 취향 문제라는 생각이 들었다. 여경들 스스로 차별을 당연히 받아들이기 때문에 편견과 선입견도 자연스럽게 수용하게 되는 것이다.

사격교육을 듣기 위해 아산에 있는 교육원에 들어갔다. 같이 사격교육을 들으러 온 룸메이트 동생과 친해져서 꾸준히 연락을 해오고 있다. 몇 년 전에 동생과 연락했는데 특공대에 합격해서 교육을 받아야 한다고 하는 것이었다.

"뭐? 네가 특공대에 들어갔다고?"

외관상 터프해 보이지 않고 날씬한 동생이었기에 믿기 어려웠다.

경찰특공대는 예전에 미국 경찰특공대 이름 SWAT(Special Weapons and Tactics)로 불렸지만 2018년 대테러법을 개정하면서 정식명칭 SOU(Special Operation Unit)를 사용한다. 주로 재해 · 재난 시 인명 구조 및 대테러 진압활동을 하고 인질 · 총기사건 예방 및 진압, 폭발물 탐색 및 처리업무를 한다.

중앙경찰학교에서 담당 지도관님이 특공대 출신이었다. 여군 같이 우렁찬 목소리에 강인한 모습이었는데 동생은 보통의 여경처럼 긴 머리에 여성스러웠다. 특공대 분위기와 매치가 되지 않았다. 운동해서 체력시험을 보고 면접에 통과해서 최종 합격했다고 한다.

일반 내근업무를 하다 특공대에 들어가기 위해 운동을 했을 텐데 평상시 운동처럼 해서는 안 될 것이다. 체력시험에서 순경채용 체력검사와 공통되는 종목은 100m 달리기, 윗몸 일으키기다. 다른 종목으로 1.5km 달리기(폭발물처리 · 탐지요원), 제자리멀리뛰기가 있고 사격도 시험 종목으로 있다.

일하면서 수개월 운동했을 것이다. 동생이 정말 대단해 보였다. 그만큼 자신이 하고 싶은 일을 위해 부단히 노력했다고 볼 수 있다.

외에도 타 청에서 생활범죄팀, 형사팀 등 형사만 계속 해오고 있는 여경 동기도 있다. 남자도 하기 힘들다는 부서에서 열심히 일하고 있는 여경들도 많다. 자신이 하고 싶고 적성에 맞는다면 남경 못지않게 잘해낼 수 있으니 나만의 한계선은 긋지 말았으면 한다.

키, 몸무게 제한은 이미 폐지됐다. 이제 성별 구분 채용만 남았다. 2023년부터 경간부, 경찰행정학과, 경찰대 선발 분야에 한해 동일한 기준으로 체력을 측정할 수 있는 순환식 체력검사가 시행된다고 한다. 2026년에 모든 분야에 적용된다고 하니 앞으로 어떻게 전개가 될지 궁금하다.

앞서 경찰청 연구 보고서에서 나온 담론의 기본 전제는 '경찰=물리력 행사=남성'이라는 도식이다. 이로 인해 직무 배치에서 여성의 참여를 배제하는 논리가 됐다고 설명한다. 여경이 대여성업무 전담으로 하는 것으로 인식돼 부가적 필요에 의해서만 채용되고 배치됐다고 한다.

범죄 대상으로 여성과 아동, 노인 등 사회적 약자가 피해를 입게 된다. 범행이 점점 약자를 대상으로 행해지기 때문에 사회적 요구에 의해 더 많은 경찰 인력이 필요하다. 성폭력 피해를 입은 여성이 남성 경찰관에게 조사를 받을 경우 남성에 대한 두려움으로 조사가 불가능할 경우도 있다. 그리고 조사할 경우 편견 없이 조사하면 무리가 없지만 주관이 개입돼 자칫 2차 피해 우려도 있다. 여러 문제를 보완하고자 여경 조사관이 필요한 문제를 남성적 시각으로 대응을 하는 것은 자칫 편 가르기를 조장할 수 있다.

경찰관을 남경, 여경으로 구분 지으며 이분법적 시각으로만 보지 말고 조직 내에서부터 평등하게 보려는 인식 개선 노력이 필요하다. 경찰 안팎에서 여경 무용론만을 제기하며 갈등을 심화시키고 조장하면 직원 간 불화를 가중하고 조직의 발전을 저해한다. 더 나아가 국민에게 전혀 도움이 되지 않는다.

내부에서 불만과 의견을 제시하면 위에서는 형식적인 답변으로 무마하기보다 의견을 수용하고 상생하는 방안을 모색해야 한다고 생각한다.

06

타인의 시선에서
완벽함 버리기

나는 임용 연도부터 치면 9년 차지만 실 근무경력으로는 8년 차다. 청에서 근무한 5년 차에 근무경력 10년 이상씩 되는 선배들을 보며 '나는 언제쯤 지시가 내려왔을 때 계획서나 보고서를 척척 써 내려갈 수 있을까?'라는 생각을 했다.

보고서에 넣는 통계 숫자마저도 틀리는 나를 보며 자책했다. '어머! 옮겨 적는 것도 틀리게 적었네.' 정말 민망한 순간이다. 단순한 업무는 시간이 지날수록 나아진다. 하지만 무에서 유를 창조하는 기획업무는 몇 년을 해야 업무능력이 향상될까 궁금했다.

열심히 하는 것과 잘하는 것은 달랐다. 시간이 지나고 경력이 쌓여 기안 능력이 향상된 분들도 있지만 원래 계획서나 보고서 작성 능력이 타고난 분들이 있다. 그분들의 능력이 부러웠다.

내가 완벽주의 성향을 가졌더라면 이미 지금쯤 보고서도 척척 써내려가고 승진도 빨리 했겠다는 생각이 들지만 완벽하지 않더라도 최선을 다하지 않은 건 아니기 때문에 자기위로를 하기도 한다.

김병수 정신과 전문의는 『마음의 사생활』에서 완벽주의의 3가지 유형을 제시하고 있다.

① 자기 지향적 완벽주의 ② 사회적으로 부과된 완벽주의 ③ 타인 지향적 완벽주의로 구분한다.

첫 번째 자기 지향적 완벽주의는 말 그대로 자기 자신에게 높은

목표와 엄격한 기준을 부과하기 때문에 잘못이나 실수를 용납하지

못해 자기 비난으로 이어져 부적응적 성향으로 바뀐다고 한다.

두 번째 사회적으로 부과된 완벽주의는 타인의 높은 기대를 맞

추기 위해 부단히 노력하고 완벽하지 못하면 다른 사람에게 인정

받지 못하고 버림받을 것이라는 믿음이 깔려 있어 외부 기준에 따

라 끌려가기 때문에 내면에는 불안, 우울, 분노가 쌓이게 된다고

한다.

세 번째 타인 지향적 완벽주의는 타인에게 완벽을 요구하기 때

문에 대인관계에 문제가 생긴다. 함께 있으면 자신에게 문제가 있

는 것처럼 느끼게 되고 사소한 실수나 잘못도 그냥 넘어가지 못해

항상 긴장한다. 가족 불화의 원인이 된다고 한다.

내가 보기에 어느 유형이든 자신이나 남들 모두 힘들 것 같아 보

인다. 과유불급(過猶不及)이라고 적당한 게 제일 이상적이라고 생

각한다. 우리 사회는 완벽을 원한다. 그래서 대부분의 직장인들은

실수 없이 완벽하게 일처리를 하고 싶고 윗사람에게 일 잘한다고 인정받고 싶어 한다.

"완벽주의자는 더 나아지기를 원하는 것이 아니라, 실수를 두려워한다. 완벽주의에 집착하는 사람은 '실수하면 인정받지 못해. 다른 사람이 나를 거부할 거야.'라는 왜곡된 믿음을 품은 경우가 많고 실수를 은폐하려는 유혹에도 쉽게 넘어간다."

전문의사의 말처럼 잘하려는 마음이 앞서 실수하는 내 모습을 보며 강박관념을 가지고 있지 않나 생각하기도 했다. 이 세상에 완벽이란 없는데도 사람들은 완벽해질 수 있다고 믿는다. 그래서 이상과 현실의 괴리로 힘들어한다. 자책한다고 해서 실력이 상승하는 것은 아니었다. 자존감만 낮아져서 생각을 바꾸기 시작했다.

'그럴 수도 있지! 사람인데 일하다 보면 실수할 수도 있지!'
'할 수 있어! 하다가 막히면 물어보면 되지!'
일을 잘하려는 욕심을 내려놓았다. 대신 내가 할 일을 빼먹지 않고 하기로 했다. 모니터 화면에 메모장을 열어놓고 To Do List를 작성했다. 급하게 처리해야 하는 경우 핸드폰 바탕화면에도 적어 놓았다. 일하는 중에 또 다른 업무가 내려오기 때문에 잊어버리지 않기 위해 메모의 필요성을 느꼈다.

ex)

① ○○월 ○○일 월보, 통계 취합

② 경찰서 의견 취합(○월 ○일까지)→본청보고(○월 ○일까지)

③ ○○월.○○일, ○○:○○에 ○○센터에 전화(○○○-○○ ○○)

하나씩 적어놓은 것을 지워나가는 재미가 있었다. 물론 지우면 적는 게 반복됐지만 나름의 성취감을 맛볼 수 있었다.

보고서나 계획서를 작성하라는 지시가 내려와 일을 할 때 모르 는 부분이 있으면 선배에게 물어본다. 간혹 다른 문서나 매뉴얼을 찾아보지 않고 물어본다고 핀잔을 주시는 분들도 있는데 이것도 경험이고 배워가는 과정이다.

그리고 내 선에서 최대한 작성했다면 바로 검토를 받는다. '매도 먼저 맞는 게 낫다'고 오래 생각하고 고민한다고 해서 좋은 보고서가 나오는 게 아니다. 만약, 중간에 팀장님 등 검토해주실 수 있는 경력 있는 선배가 있다면 계장님 보고 전에 검토 받고 수정해서 가도 좋은 것 같다. 수정 횟수가 줄어들고 시간이 단축된다. 나 혼자 일을 마무리하기 어려울 때는 도움을 요청하는 게 현명할 때가 있다.

일하는 과정에서 보고서가 마음에 들지 않는 계·과장님의 말 한마디에 기분이 좋거나 속이 상하는 일도 발생한다. 안 좋은 말을 듣게 되면 일하는 것 차제도 싫어진다. 그럴 때는 사람보다는 일에 포커스를 맞추려는 태도를 갖게 되면 한결 나아질 수 있다.

'내가 하는 이 일은 시민들에게 도움을 줄 수 있어. 좀 더 나은 방법이 무엇이 있을까?'라는 생각을 하면 더 발전적으로 나아갈 수 있다.

업무가 많아 지치고 힘들 때 '이 또한 지나가리.'라는 말을 많이
했다. 이 말은 원래 다윗왕과 솔로몬 왕자의 일화로 알려져 있다.
승리해서 기쁜 상황도 지나가니 함부로 교만하지 말라는 의미인데
현재는 힘들고 괴로운 상황이라도 시간이 지나면 나아지고 잊힌다
는 의미로 받아들여 쓰이고 있다.

기쁜 상황도 금세 지나가고 안 좋은 상황도 어느 순간 지나가 있
는 것 같다. 공부할 때 책에서 이 문구를 보고 '이 수험기간 또한
지나가리라.'라고 자기암시를 했는데 일할 때도 되뇌고 있다.

"인생에서 일어나는 문제는 우리에게 중요한 사실을 깨닫게 하
기 위해 발생합니다. 그리고 자신이 해결하지 못할 문제는 절대로
일어나지 않습니다. 자신에게 일어나는 문제는 자신이 해결할 능
력이 있고, 그 해결을 통해 중요한 사실을 배울 수 있기 때문에 생
기는 것입니다."

노구치 요시노리『거울의 법칙』에 나온 말이다.

우리에게 해결하지 못할 일은 없으니 힘겨울지라도 자신감 있게 부딪쳐보자. 완벽에 대한 강박을 버린다면 최선을 다했을 때 만족할 수 있다. 나를 온전히 받아들일 수 있고 사랑할 수 있게 된다.

07

젊은 경찰관이여,
조국은 그대를 믿노라

"젊은 경찰관이여, 조국은 그대를 믿노라."

신임경찰로 중앙경찰학교에 입교하면 마주하게 되는 문구다. 경찰 시험 준비생은 이 문구를 다이어리나 포스트잇에 적어 놓고 수시로 들여다본다. 혹은 경찰의 상징인 참수리 마크를 핸드폰 바탕화면에 깔아 놓고 '이번에 반드시 경찰에 합격한다!' 다짐하며 이를 악물고 공부한다.

드디어 합격해서 중앙경찰학교에 입교한다. 문구를 보면 가슴이 뭉클하고 벅차오른다. 그 때까지만 해도 의욕과 열정이 넘치고 경찰이 되었다는 자부심이 충만하다. 하지만 임용 후 근무하면서 경찰학교에서 느꼈던 감흥은 서서히 사라진다.

어느 날 1년 후배가 신임들과 대화 중에 신임이 이런 말을 했다고 한다.

"나이 있으신 주임님들은 '젊은 경찰관이여, 조국은 그대를 믿노라.' 문구를 싫어해요. '젊은 경찰관'이라고 써 있다고요."

그래서 그럴까. 경력 10년, 20년 이상 된 선배들은 감흥이 없다고 한다. 20~30대인 젊은 신임경찰이 교육 받으러 가는 학교이기 때문에 젊은 경찰관이라고 쓰는 것은 당연해 보인다. 어찌되었든 주임님들 입장에서는 젊을 때 들어와서 퇴직할 때까지 일하는 똑같은 경찰관인데 '젊은'이라고 써 있는 게 못마땅하신 듯싶다. '조국은 그대를 믿노라.'에 포커스를 둔다면 감흥이 생길까 모르겠다.

경찰윤리헌장에는 경찰이 맡은 바 임무를 충실히 하며 나아갈 윤리적 행동지표 5개 항목을 제시하고 있다.

1. 모든 사람의 인격을 존중하고 누구에게나 따뜻하게 봉사하는 친절한 경찰이다.
1. 정의의 이름으로 진실을 추구하며, 어떠한 불의나 불법과도 타협하지 않는 의로운 경찰이다.
1. 국민의 신뢰를 바탕으로 오직 양심에 따라 법을 집행하는 공정한 경찰이다.
1. 건전한 상식 위에 전문지식을 갈고 닦아 맡은 일을 성실하게 수행하는 근면한 경찰이다.
1. 화합과 단결 속에 항상 규율을 지키며, 검소하게 생활하는 깨끗한 경찰이다.

경찰관은 소방관과 더불어 어린이, 청소년에게 장래희망으로 손꼽히는 직업이다. 두 직업 모두 국민을 위해 목숨 걸고 일하는 것은 똑같다. 그런데 경찰을 바라보는 국민의 시선은 소방관과 다르다.

지금의 경찰은 예전과 달리 많이 변했다. 비리나 부정부패를 일삼고 인권을 탄압하는 경찰이 아니다. 내가 보아 온 동료 경찰관들은 윤리헌장에서 명시한 5개 항목처럼 누구보다도 친절하고 의롭고 공정하며 근면하고 깨끗하다.

조국은 경찰관을 믿는다고 하지만 막상 일 해보니 현실은 그렇지 않은 것 같다. 경찰관이 현장에 나가 사건처리를 할 때 물건이 파손되거나 물리력을 사용하는 경우가 생긴다. 고의, 과실이 아닌 정당한 공권력의 행사를 하는데도 민·형사상 손해배상청구를 당한다.

위험하게 칼을 들고 난동을 부린 사람에게 테이저 건을 쏘았는데 일부 국가배상책임을 인정한 사례가 있다. 이러한 판결들은 경찰관의 장비사용 기피로 이어진다. 국민과 경찰 모두 위험해지는 상황이 발생할 수도 있다.

흉기로 위협하는 사람을 제압하려면 남자 경찰관 두 명도 벅차다. 그런데 칼을 들고 위협하는 사람에게 고작 사용하는 장비가 삼단봉이다. 또한 정당하게 총기 등 장비를 사용해서 집행해도 언론보도에 나오면 청문에 가서 감찰조사를 받고 사안에 따라 징계를 받기도 한다. 피의자의 인권은 중요하고 경찰관의 인권은 별게 아닌 것처럼 보인다.

이런 문제점을 인식하고 있어 경찰에서는 형사책임을 감면하는 면책 조항 입법화, 손해배상 소송을 당한 경찰관에게 법률 지원 확대 등 적극적인 대응을 위한 방안을 모색하고 있다. 하지만 언제 입법을 거쳐 적용이 될지 의문이다.

패스트 트랙으로 검경 수사권 조정이 이루어졌다. 신속한 법안 통과는 진정 국민에게 밀접하게 연관된 현안문제라고 생각한다. 그런데 두 거대 조직 간 힘겨루기로밖에 보이지 않는다. 실제로 국민이 안전한 사회라고 느끼려면 국민과 밀접한 치안 현장의 문제가 해결되어야 한다. 경찰관 직무 및 장비개선관련 법령이 패스트 트랙으로 통과되면 좋겠다.

경찰관은 나랏일을 하는 사람들이기 때문에 사적인 이익을 추구할 수 없다. 봉사와 희생은 어느 정도 감수하며 일을 한다. 국민들은 경찰관이 목숨을 걸고 일하기 바란다. 실제로 현장에서 목숨을 담보로 일을 하고 있지만 국가에서는 목숨 값을 당연하게 취급한다.

외사, 사이버 수사, 특공대 등 한국경찰의 우수성은 해외에서도 인정해준다. 언론 보도를 보면 대한민국 경찰이 우수하고 인정받는다는 기사는 거의 보이지 않는다. 잘한 일 10가지 중 1가지 잘못으로 온갖 비난 기사를 쏟아내는 게 현실이다.

국민들은 경찰관이 음료수를 사러 커피숍에 들어가는 것조차 직무태만이라고 영상을 찍어 올리고 제보한다. 경찰관도 사람이다. 제 식구 감싸는 게 아니다. 회사원들은 근무하다가 커피 안 사먹을까? 경찰관은 동네북처럼 비난받고 욕을 먹는다.

사람이 사는 세상에서 비리, 비위가 없는 조직은 없을 것이다. 입법, 행정, 사법기관 할 것 없고 기업도 마찬가지다. 나는 일하면서 사법기관인 법원, 검찰 직원들의 비위 기사나 뉴스를 거의 본 적이 없다.

경찰에 있다 보니 경찰 직원들의 비위, 비리 기사만 보는 것인지 모르겠지만 경찰의 비위, 비리는 언론에 자주 보도된다. 순식간에 기사로 보도되는 것을 보고 '내부에 스파이가 있나?'라고 생각할 정도였다.

조국이 믿는 경찰, 아이들이 꿈꾸는 경찰관을 위해 조국과 조직의 변화가 절실해 보인다.

08

젊은 꼰대는
금물입니다

요즘 흔히 사용하는 '꼰대'라는 단어는 예전부터 쓰여 왔다. 표준국어대사전에는 은어로 '늙은이', '선생님'을 이르는 말이라고 나와 있다. 권위적인 사고를 가진 어른을 비하하는 말이다. 뜸했던 '꼰대'라는 말이 2010년대 후반에 등장한 것 같다.

2018년 경찰서 학교전담팀에서 근무할 때 『90년생이 온다』라는 책이 출간되었다. 2010년대는 90년대 생들이 사회로 진출할 때다. 경찰 조직에도 취업연령대인 20대 중·후반 나이의 후배들이 들어오는 시기였다. 후배들은 나와는 기본적으로 열 살 이상은 차이가 났다. 당시 내부에서 직원들 사이에서 "○○○부장 완전 젊은 꼰대야."라는 말들이 오가던 터였다. 혹여나 '꼰대' 소리 들을까 봐 '나는 그러지 말아야지.' 하는 생각이 들면서 저절로 책에 손이 갔다.

미국 같은 선진국이라고 꼰대 문화가 없지는 않겠지만 특히 우리나라는 유교사상의 영향으로 서열, 계급을 중시해 왔다. 존대, 상명하복 문화가 일상 속에 스며들어 있다. 그런데 빠른 산업화와 IMF를 겪으며 세대 간 간격이 커졌다. 기존의 문화는 헌 것이 되어버렸고 적정선에서 예의만 지키고 남에게 피해를 주지 않으면 되는 분위기가 형성되었다.

책 내용 속에 '新 직장인 꼰대 체크리스트'가 있다. 재미삼아 해봤는데 테스트 결과 '꼰대'라고 나왔다. '심각하진 않지만 꼰대가 아닌 것도 아니다.'라고 한다. 책에서 이야기하는 것은 누구라도 꼰대가 아니라고 말하기 쉽지 않으며 스스로 꼰대일 수 있다는 사실을 알아차리고 개선해 나가야 한다는 점을 말해주고 있다.

테스트를 해보면 아마 젊은 세대들도 '꼰대'가 아니라고 나오는 사람은 없을 것 같다. 체크리스트 중 뜨끔했던 문항과 꼰대 분위기가 답답하다고 생각했던 문항들이 있었다.

〔예시〕

- 휴가를 다 쓰는 것은 눈치가 보이는 일이다.

- 나보다 늦게 출근하는 후배 사원이 거슬린다.

- '내가 왕년에', '내가 너였을 때'와 같은 말을 자주 한다.

- 자유롭게 의견을 얘기하라고 해놓고 내가 먼저 답을 제시한다.

- 내가 한때 잘나가던 사람이었다는 사실을 알려주고 싶은 마음
  이 든다.

나는 81년생이다. 80년대생들을 끼인 세대라고 한다. 그래서일까? 어떤 면에서는 어정쩡하다. 구식 마인드가 어느 정도 내재되어 있어 휴가 쓰는 게 눈치 보였다. 물론 직원들끼리 겹치지 않도

록 조정하기 위함이거나 일이 많아서 사용을 못하는 경우, 갑호비상(테러, 재난 등 비상근무)은 감수해야 하는 부분이다. 그런 사유를 제외하고 근로기준법상 보장된 법적 권리임에도 '연가 계속 쓰면 일 안 한다고 비춰질까? 같이 일하는 직원들에게 좀 미안한데.'라며 노심초사(勞心焦思)한다.

요즘은 경찰서에서도 직원들의 연가 사용을 장려한다. 지휘부가 먼저 적극적으로 연가를 사용하도록 하고 있어 자유롭게 쓰는 분위기가 형성되어 있다. 그리고 내가 입직할 때만 해도 팀장님이나 계 · 과장님께 연가 올릴 때 사유도 적어야 했지만 이제는 휴가 사유는 적지 않는다. 그만큼 개인 사생활을 보호해준다는 취지에서 긍정적으로 바뀐 것 같다.

직장인이라면 출퇴근도 상사 눈치 보느라 신경 쓰는 부분이다. 어차피 각자 담당업무가 있어 자기 할 일만 하고 퇴근하면 된다. 그런데 자꾸 윗분들의 눈치를 보게 된다.

'눈 밖에 나서 혹시 근평 못 받는 거 아닐까.'

'일 다 했는데, 계장님이 안 가시네. 갈까, 말까?'

염려하고 속으로 갈등한다. 이윽고 나는 "먼저 가보겠습니다!" 말하고 슬그머니 사무실에서 나온다.

90년대생 직장인들의 특징으로 워라밸(Work-life balance) 중시를 꼽지만 일과 삶의 균형이라는 뜻의 워라밸이 90년대 생의 특징으로만 생각하지 않는다. 세상은 이전보다 살기 좋아졌다. 후생·복지가 나아져야 하지만 업무는 점점 많아지고 야근하는 일이 잦아졌다. 개인적인 삶이 줄어들면 자연적으로 생산성도 떨어지고 이직률도 증가할 것이다.

2017년 고용노동부에서 발간한 '근무혁신 10대 제안, 실천방안' 책자에는 정시 퇴근, 유연근무, 연가사용 활성화 등 워라밸을 위한 제안들이 있다.

회사나 기관에서 유연근무가 활성화된 계기가 코로나19 발생으로 가속화된 것 같다. 집합 인원수 제한으로 사무실도 인원을 제한하거나 출퇴근 시간을 조정했다. 변화의 요구에 따라 이루어진 워라밸이다.

매주 수요일은 가정의 날이다. 경찰도 수요일은 칼퇴근하는 날이다. 하지만 수요일이라고 해도 일이 있으면 초과 수당을 못 받고 일을 한다. 코로나19 이전에는 18시 이후에 초과를 올려서 일을 했지만 이후에는 시스템으로 막혀버렸다. 일이 많을 때는 이런 부분도 불만이 생기기 마련이다. 좋은 취지로 정해놓은 날이다.

하지만 날이 갈수록 '재정은 나빠지는데 공무원부터 임금을 덜 주려고 그런가?' 하는 의문이 들었다. '이럴 거면 일이나 주지 말지.'라며 푸념한 적도 있었다. 그래도 예전 선배들에 비해 나은 근무여건에서 일하고 혜택도 좋아져서 입 꾹 닫고 있다.

후배와 대화할 때 은연중에 "내가 학교 다닐 때는…", "내가 너였을 때는…"이라고 말한 적이 있다. 대화 내용상 현재와 다른 점을 이야기하기 위해 말을 했다. 그런데 언제부터인가 "라떼는 말이야~"라며 꼰대를 비웃는 말로 사용하기 시작하면서 의식적으로 입막음을 하게 된다. 매체 영향력의 무서움을 실감했다. 일상적으로 해왔던 말조차 한 번 더 생각하게끔 했다. 물론 스스로 알아서 조절하겠지만 말이다.

회의 없는 조직은 없다. 경찰도 지휘부의 경우 오전 내내 회의로 끝나는 경우가 많다. 그 후로 계·팀장님과 이하 직원들의 회의가 이어진다. 위에서 정해진 정책은 하급자에게 실행하라는 명령으로 떨어진다. 그 많은 회의, 그 안에서 나온 정책들이 얼마나 국민에게 도움이 될지 회의감이 들기도 했다. 정책이 탁상행정에 불과하다한들 상명하복 문화가 있는 공직사회에서 아랫사람이 윗사람에게 정당하고 소신 있게 "이건 아니지 않습니까?"라고 말할 수 있을까?

경무계에서 내부 직무만족도 업무를 담당했을 때다. 설문조사 기간이 끝나면 결과를 뽑을 수 있었다. 살펴보니 여러 부문들이 있었지만 특히 동료 간 소통, 복지 부분에서 만족도가 낮게 나왔다. 사람이 모여서 일하는 곳은 어쩔 수 없다. 같은 사무실이라는 한 공간에 있지만 사람마다 성격과 기질이 다양해서 생각과 가치관도 다를 수밖에 없다. 소통을 강조하지만 내 맘 같지 않은 게 현실이다.

신·구세대가 어우러진 조직 내에서 세대차가 나는 것은 어찌 보면 당연한 일이다. 그럼에도 불구하고 세대 간 차이를 인정하고 배척하지 않았으면 좋겠다. 서로 이해하려고 한다면 더 나은 조직 문화가 형성되지 않을까?

더 이상 세대차를 논하지 않고 격의 없이 소통하여 활력 있는 조직으로 거듭날 수 있기를 기대해 본다. 그러기 위해 나부터 조금이라도 남아 있거나 혹은 생길지도 모를 젊은 꼰대 마인드로부터 벗어나야겠다.

4장

나는 오늘보다
나은 내일을 꿈꾼다

01

직장은 자기계발하는
곳이 될 수 있다

지금은 100세 시대다. 경찰을 기준으로 60세에 퇴직하면 평균 수명으로 보더라도 남은 기간이 20년이다. 예전과 다르게 의료기술 발달로 수명이 연장되고 건강하게 살 수 있어 20년이면 또 다른 직장을 다닐 수 있는 시간이다. 부모에게 물려받은 유산이 있거나 재테크로 부를 축적해서 여생을 여유 있게 살 수 있는 분들 아니고서야 노후가 걱정되기 마련이다. 퇴직을 앞둔 선배님들이나 아직 기간이 남아 있어 앞으로 대비를 해야 하는 선배님들은 '퇴직하면 뭘 해먹고 살아야지?' 걱정한다.

직장인이라면 업무로 자기계발할 수 있고 업무 외적으로 퇴근 후 관심 있는 분야의 공부를 할 수 있을 것이다. 업무가 본인의 적성에 맞는다면 업무 능력을 향상시켜 그 분야의 전문가로 활동하는 방법이 있을 것이다.

내가 경찰서에서 학교전담경찰관(SPO) 업무를 했을 때 '청소년폭력예방재단'에서 실시하는 자격검정과정을 듣고 '학교폭력상담사 2급', '미디어중독상담사' 자격증을 취득했다. 학교전담경찰관들은 필수로 들어야 했지만 학교폭력에 관심 있는 타 부서 직원도 신청해서 시험치고 취득 가능했다.

시·도청에서 청소년 선도·보호 업무를 할 때는 상담에 관심이 생겼다. 대학원을 다니고 싶었지만 여력이 되지 않았다. 조금이라도 접해보기 위해 한국자격검정평가진흥원에서 주관하는 분노조절상담사 1급을 취득했다.

그 당시 학교전담경찰관(SPO) 특채로 들어온 직원들은 일정 요건 하에 범죄심리사 2급 취득이 가능했다. 나는 해보고 싶었지만 자격과 업무 때문에 포기해야 했다. 다녀온 후배가 교육 때 이수정 교수님 봤다고 했다. 뵙기 어려운 분이라 부럽기도 했다. 직장에서 타 기관과 업무협약으로 직원들의 업무 발전을 위해 지원을 해주기 때문에 관심이 있다면 기회를 잡아 자격증을 취득하는 것이 경력에 도움이 될 것이다.

내 나름대로 자격증을 취득하고 노력한 덕일까? 자격증 취득은 부서 이동할 때 도움이 되었다. 의무경찰계에서 인권보호관 보직 공모를 했다. 인권보호관의 지원 요건으로 상담관련 자격증을 요구했다. 그 간 업무 관련해서 취득한 자격증들로 들어갈 수 있게 되었다.

"취미가 뭐예요?"
"독서, 영화보기, 음악감상….."

각종 지원서, 친구와 대화, 소개팅에서 대화 등 상대방이 즐겨하는 게 무엇인지 알고 싶어 질문한다. 누군가 아직도 나에게 취미가 뭐냐고 물어보면 "독서요."라고 대답한다. 보통 어렸을 때 많이 적어낸 답변이라 그런지 '못 믿겠다.'는 듯한 반응을 보인다. 사실인데 말이다.

나는 업무 외에 독서를 통해 자기계발을 했다. 안정적인 직장에 다니고 있지만 만족스럽지 않았다. 가만히 있기에는 불안해서 무언가 다른 것을 해야만 할 것 같았다. 대안은 책 읽기였다. 내가 체득한 독서의 이로운 점을 나름 정리해보았다.

첫째, 간접경험의 기회를 제공해준다.
세상에는 수많은 직업이 있다. 내가 관심 있는 분야가 많다고 하더라도 소득으로 먹고 살아가야 하기 때문에 평생 수십 가지의 일들을 다 해보며 살기 어렵다. 내가 하고 싶고 관심 있는 일을 하는 사람의 책을 읽고 간접 체험을 할 수 있다. '내가 하기 어렵겠는걸, 한번 도전해볼까?' 등 나름의 판단도 가능하다.
대학교는 2개월이라는 방학기간이 있다. 대학생들은 방학기간에 해외 배낭여행이나 어학연수를 가곤 한다. 내 친구들도 유럽 배낭여행, 북미, 필리핀 등 어학연수를 떠났다. 나는 부럽긴 했지만 선뜻 내키지 않았다. 혼자 말도 안 통하는 낯선 곳에 간다는 게 두려웠다.

어느 날 도서관에서 한비야 작가의 책『지도 밖으로 행군하라』를 읽게 되었다. '바람의 딸' 시리즈는 한비야 작가가 혼자서 오지 여행을 다니고 난 후 쓴 책이다. 그 후 월드비전에서 난민구호 활동을 하며 사는 삶이 멋있어 보여 동경하게 되었다. 내가 직접 실행은 못했지만 체험기를 통해 국제 봉사단체가 하는 일과 활동을 알아보았다. 직접 가지 않아도 그 세계가 어떤지 들여다 볼 수 있다. 그 당시 결론은 '가까운 곳에서라도 가서 봉사해야겠다.'로 마무리 지었다.

둘째, 집중과 몰입의 시간을 갖게 된다.

흥미롭고 관심 있는 책을 읽으면 몰입한다. 나 홀로 깊이 빠져드는 시간이다. 공무원 시험 과목으로 한국사가 있다. 특히 구한 말부터 대한제국, 일제시대로 갈수록 의병장, 의병운동부터 봉오동,

청산리 전투와 같은 민족혁명가들의 투쟁까지 암기할 분량이 많다. 공부하다 집중 안 될 때 역사 관련한 인물 책을 펼쳐 들었다.

그 때 읽은 책이 『약산 김원봉 평전』과 혁명가 김산의 삶을 그린 『아리랑』이었다. 독립투사들의 일대기를 읽으며 그들의 삶에 빠져들었다. 코끝이 찡하고 눈시울이 붉어지기도 했다. 그 시대에 들어간 것 같았다. 책을 읽고 한동안은 헤어 나오기 어려웠다.

'내가 그 당시에 태어났더라면 나는 어떤 삶을 살았을까? 민족주의 노선을 따랐을까 공산주의 노선을 따랐을까? 이 시대에 남자였다면 혁명가로 투쟁의 삶을 살았을까?' 등 많은 생각을 했다. 날조된 역사들도 사실처럼 받아들이며 살고 있는 세상에서 알려지지 않은 무명의 삶을 마주하는 것은 뜻깊은 시간이었다.

일과 비교하면 '몰입과 집중을 한다'는 말은 시간가는 줄도 모르고 재미를 느낀다는 것이다. 그 일에 재능을 발견할 확률이 높다. 자기계발을 한다면 누구보다도 성취가 빠를 수 있다.

셋째, 나만의 시간으로 내적 성찰의 시간을 갖는다.

친구들과 만나서 수다 떨거나 직장 동료들과의 모임도 좋다. 경찰 입직하고 3~4년이 지나고부터 슬슬 나를 챙겨야 하는 시간을 갖고 싶다는 생각이 들었다. 책을 읽으며 내 시간을 갖게 되니 약속은 차츰 줄어들었다. 그리고 책을 쓰면서 나와 마주하는 시간이 더 많아졌다.

『데미안』에는 이런 말이 나온다.

"나는 얼마나 오랫동안, 얼마나 끔찍하게 오랫동안 영혼에 대해 아무 말도 하지 못했던가!"

나를 두고 한 말 같았다. 무리 속에서 벗어나 고독함을 느낄 때가 진정 내적 자아를 찾을 수 있는 시간이다. 나만의 시간을 오롯이 즐기고 사유할 수 있다.

넷째, '나도 시도해야겠다'는 의욕과 함께 추진력이 생긴다.

불안감은 사람을 위축되게 하지만 불안에서 벗어나고 싶은 마음에 '실행해야겠다'는 생각이 들게 한다. 나는 성공학, 자기계발서처럼 성취, 동기부여 분야의 책들을 좋아한다. 성공한 사람들의 습관을 하나씩 따라서 실천해본다. 작심삼일로 끝나더라도 또 다른 습관을 따라 하면 된다. 그러다 보면 자기에게 맞는 자기계발할 거리를 발견할지도 모른다.

　현인이라 추앙받는 소크라테스도 "내가 아는 단 한 가지 사실은 나는 아무것도 모른다는 것이다."라고 했다. '나 자신을 아는 것'이 제일 어려운 일이지만 구하기 어렵다면 독서를 통한 자기계발로 나를 알아가 보면 어떨까. 적은 비용으로 큰 이득을 얻을 수 있다.

경찰의 꽃은
수사만이 아닙니다

경찰 입직 후 절반 이상을 여성청소년과에서 근무하고 있다. 경찰업무에 대한 정보도 없었다. 경찰학이나 범죄학, 수사를 공부해 본 적도 없었다. 중앙경찰학교에 들어가서 처음 접해 보았다.

공직윤리 및 인권·소양 시간이었다. 교수님이 앞으로 일해보고 싶은 부서를 적으라고 하셨다. 경무, 생활안전, 교통, 청문, 수사, 여청, 경비 등 부서가 있었지만 그 중에 여성청소년과가 눈에 들어왔다. 여성청소년과에서 일해보고 싶다고 적었다. 아무래도 내가 여자이다 보니 자연스럽게 관심이 가지 않았나 싶다. 여성청소년과에서 일하고 싶다는 말이 씨가 됐는지 6년째 여성청소년과에서 근무하고 있다.

여성청소년과에서 일하게 된 이유는 꺼내고 싶지 않은 흑역사지만 생각해보면 여성청소년과로의 보직 이동은 경찰에 들어와서 내 적성에 맞는 일을 찾은 계기가 되었다.

여성청소년과로 강제 발령이 났다. 당시 순경 1년 차로 경무계에서 기획업무를 담당하고 있었다. 서장님이 새로 오셨다. 업무 경력과 추진력이 대단하신 분이었다. 경찰서에서 중추적인 역할을 하는 경무과, 그 중에서도 기획담당자는 지역관할 특성에 맞는 정책을 시행하고 본청 및 시·도청에서 추진하는 시책의 성과를 담당하기 때문에 중요한 업무를 하고 있는 셈이다. 서장님이 보시기에 미숙하다고 생각하셨는지 높은 계급으로 교체하셨다. 그래서 타의로 여성청소년과에서 근무하게 되었다.

여성청소년과에서 담당하게 된 업무는 학교전담경찰관(SPO)이었다. 학교폭력 예방대책의 일환으로 2012년에 도입되었다. 학교폭력 예방 및 청소년 선도와 관련한 업무를 전담하는 경찰관이다. 내가 들어간 때는 2016년이었다. 정부에서 4대 사회악(성폭력, 가정폭력, 학교폭력, 불량식품) 척결을 모토로 정책을 시행해간 시기였다. 초창기가 아닌 한창 무르익을 때 들어가서 안정된 상태에서 활발하게 업무를 배워나갔다.

학교전담경찰관 업무로 예방교육을 해야 하기 때문에 업무로 강의는 필수다. 발표 등 남 앞에서 말하는 것을 싫어했던 내가 학생, 학부모 대상으로 강의도 하게 됐다. 하다 보니 익숙해졌고 반별로 들어가서 하는 예방강의는 업무에 활력을 불어넣었다. 똘망똘망한 눈빛으로 집중하며 수업 듣는 모습을 보니 '더 열심히 알려줘야겠다'는 생각이 들었다.

교육, 캠페인, 순찰 등 예방활동뿐만 아니라 선도와 상담, 지원을 통해 어려움에 처한 청소년들에게 도움을 줄 수 있다. 아이들이 건전하게 성장할 수 있도록 경찰이 도움을 줄 수 있기 때문에 보람이 있었다.

한때 일각에서는 학교전담경찰관 무용론이 제기되기도 했었다. 같은 경찰이지만 부서가 많다 보니 학교전담경찰관이 무슨 일을 하는지 모르는 경우도 있다.

"학교전담경찰관? 무슨 일 하는 거야?"
"경찰이 이런 일도 해야 해? 경찰이 해야 할 일이 아닌 것 같은데…."

같은 여성청소년과에 근무하거나 자녀가 취학연령에 있는 경우, 학교폭력, 소년사건에 관련해 연관된 경우는 모르고 싶어도 알게 된다. 그렇지 않으면 내부에 있는데도 잘 모른다.

그런 말들을 듣게 되면 팀워크로 서로 도와가며 보람 있게 일하는 학교전담경찰관에게 찬물을 끼얹는 것처럼 불편할 때가 있었다. 이제 학교폭력의 심각성은 전 국민도 다 아는 문제기 때문에 누구도 그런 말을 하지 않지만 2016~2017년도만 해도 직원들에게서 종종 듣곤 했다.

학교전담경찰관은 담당업무인 학교폭력 예방 및 청소년 선도 업무 외에 여성청소년과에서 담당하는 업무를 보조하기도 한다.

　성폭력 예방업무 중 공중화장실 등 다중이용시설 내 불법카메라 점검이 있다. 학교전담경찰관은 공원, 지하철 내에 있는 공중화장실에 불법카메라가 설치되어 있는지 합동 점검하고 관할 내 학교와 협력해서 교내 화장실도 점검한다. 주기적으로 점검해서 그런지 근무하면서 실제 발견한 적은 없었다. 실제로 교내에서 불법카메라 촬영은 현장에서 발각되어 신고된다.

　7~8월이면 피서지인 해수욕장으로 인파가 몰린다. 관할 내 여름파출소가 운영된다. 성범죄 예방 및 조치를 위해 여성청소년과에서도 피서지 성범죄전담팀을 운영한다. 인원이 부족할 경우 학교전담경찰관 등 여성청소년과 직원도 동원되어 업무를 보조한다.

　최근 아동학대 사건이 언론에 보도되면서 사회적으로 크게 이슈가 되었다. 아동학대 문제해결을 위해 부처 간 집중적으로 논의되고 아동 보호를 위한 정책이 시행되고 있다. 내가 학교전담경찰관 업무를 시작한 해에는 기존 가정폭력을 담당하던 경찰관이 있었다. 가정폭력 담당자와 별도로 노인·아동학대를 담당하는 경찰관을 추가로 뽑아 2인으로 구성해 학대예방경찰관(Anti-Abuse Police Office)이라고 명명하고 활동하기 시작했다.

학교전담경찰관은 미취학 아동의 경우 학대 정황이 있을 수 있어 직접 가정 방문도 한다. 막상 방문하면 아이들의 상태가 양호하고 학대정황은 없어 보였다. 주로 홈스쿨링으로 부모 보호 하에 있다. 만에 하나 유기나 방임으로 위험에 처한 아동이 있을 수 있기 때문에 방심할 수 없는 일이다.

현재 실종자 수색 업무는 형사과로 넘어갔지만 당시 여성청소년 수사팀에서 실종자 수색할 때 학교전담경찰관도 근무 아닌 날 투입되곤 했다. 아동과 노인이 실종돼 수색했는데 찾지 못해서 돌아온 적이 있었다. 나중에 산에서 사망한 채로 발견됐다는 소식을 들으면 안타까웠다.

가출한 청소년 신고도 들어온다. 가출한 학생을 가정으로 복귀시키기 위해 가출팸을 추적해서 데리고 오기도 한다. 청소년기에 나쁜 친구들과 어울려 방황하는 아이들도 있지만 가정폭력 및 학대로 집을 나오기도 한다.

이런 불쌍한 아이들을 보살펴야 하는 어른들이 옆에 있어야 하지만 현실은 그렇지 않은 경우가 많다. 경찰은 위기에 처한 아이들을 구해줄 수 있다. 경찰관이라는 명목하에 가정사에 참견할 수 있는 일도 가능하다. 가정이라는 사적인 울타리에 경찰은 법적 테두리 안에서만 개입이 가능하다.

뉴스를 보면 하루가 멀다 하고 성·가정·학교폭력, 아동학대 등 사회적 약자 대상 범죄가 보도된다. 그만큼 사회에서 중요하게 취급하는 문제다. 따라서 경찰에서도 조직 진단할 때 인력을 확충하려는 노력을 하고 있다. 그런데 인원이 추가되어도 언제나 현장에서는 인력이 부족하다고 아우성이다. 이슈가 되는 업무를 하다 보니 언론보도와 경찰에 대한 비난 여론도 뒤따라온다. 업무처리자의 부담은 클 수밖에 없다.

경찰서 여성청소년계 각 업무 담당자들이 1년마다 교체되는 것을 보면 업무 과중과 피로도를 방증하는 것으로 볼 것이다.

검경 수사권 조정문제로 떠들썩하다. 언제나 경찰에서의 관심은 수사쪽으로 포커스가 맞춰져 있다. 경찰의 꽃이라고 불리는 수사. 나도 경찰에 들어와서 몇 년 동안 생각해봤다.

'그래도 더 늦기 전에 수사는 해봐야 하지 않을까.'

경찰에 뜻이 있어 들어온 사람들은 대개 수사를 하고 싶어서 들어온다. 범인을 잡고 체포하고 법의 심판을 받게 하기 위한 멋진 일이자 소명이라고 생각한다. 나는 아직 수사를 못해봤다. 하지만 여성청소년과에서 일하며 사회적 약자 보호, 지원 업무도 수사 못지않게 중요한 일이라고 생각하기 때문에 후회는 없다. 여성청소년과 업무도 경찰의 꽃이라고 할 만하다.

03

경찰이 행복해야
국민이 행복하다

경찰관도 감정노동자일까?

감정노동자는 대표적으로 콜센터 상담원, 승무원, 호텔 및 음식점 종사자, 백화점 및 마트 종사자 등 물건을 판매하거나 서비스 제공, 민원처리를 하는 직군에 근무하는 사람을 이른다. 응대 과정에서 일어날 수 있는 폭언, 폭행 등 괴롭힘으로부터 보호하기 위한 목적으로 2018년에 산업안전보건법 개정되었다. 감정노동자 보호

법이라 불리며 시행됐다.

근로자의 상당수가 자신이 느끼는 감정을 억누른 채, 자신의 직무에 맞게 정형화된 행위를 해야 하기 때문에 감정적 부조화를 초래하며 심한 스트레스를 유발한다고 한다. 스트레스를 해소하지 못할 경우 좌절, 분노, 적대감 등 정신적 스트레스와 우울증을 겪을 수 있고 심한 경우 정신질환 또는 자살로 이어질 수 있다고 한다.

경찰 업무를 하면서 감정노동자와 유사하다는 생각이 들어 씁쓸했다. 지구대 근무 때 술에 취해 널브러진 아저씨가 있다는 신고가 들어와 출동했다. 술에 취해 말을 못하니 어떻게든 보호자에게 연락을 취해야 한다. 핸드폰을 찾아 가족인 것 같은 연락처로 전화를 건다. 지갑 속 신분증을 꺼내 가족이 맞는지 확인하고 데리고 가라고 한다.

연락도 안 되는 상황이면 주민등록상 주소지로 술 취한 아저씨를 데려다주기도 한다. 나는 술 취한 아저씨들을 여럿 만났지만 다행히도 욕설을 듣거나 맞은 적은 없었다. 동기나 선배의 이야기들을 들어보면 난리가 따로 없다.

동기가 초임 때였다. 사람이 술에 거하게 취해 누워 있었다.

"선생님, 일어나세요."

그 사람을 부축해서 일으키려던 찰나에 주먹을 날리고 쌍욕을 했다고 한다. 동기는 그 이후로 술에 취한 사람에게 '선생님'이라는 호칭을 가급적 사용하지 않는다고 했다. 술에 취한 사람에게 존칭할 필요가 없고 법대로 집행해야 한다고 했다.

그런데 술에 취해도 경찰관이 하는 말을 기억하는 사람이 있다. 주임님과 출동했는데 주임님이 반말을 했더니 "왜 반말해. 나 술 안 취했어!"라고 하는 사람도 보았다.

의무경찰계에서 같이 일했던 선배는 '관공서주취소란' 혐의로 체포한 적도 있다고 했다. 술에 취해 억지주장을 하고 계속 큰 소리로 고함치며 난동을 부린 사람이 있어 체포했다고 했다. 나중에 술이 깨서 지구대로 찾아왔다고 했다. 상당히 부끄러워하며 사과하고 갔다고 한다.

지구대 근무하면 별의 별 사람을 다 본다. 경찰관은 술 취한 사람부터 단골, 악성 민원들 상대로 감정소모를 많이 한다. 경찰관은 감정노동자가 맞다. 경찰관도 누군가의 가족이라고 생각하고 존중해주면 좋겠다.

경찰은 순직률과 자살률이 공무원 중 1위라고 한다. 매년 20여 명이 자살을 한다. 소방에 비해서도 두 배나 된다. 2020년 기준으로 경찰관 126,227명 1인당 담당인구수는 411명이다. 선진국에 비해 많다.

업무도 많고 야간 근무로 밤을 지새면 체력도 저하되고 각종 질병에 걸리기 쉽다. 자기 몸은 자기가 챙겨야 한다지만 경찰관 복지혜택은 미약하다. 업무 강도에 비해 낮은 복지혜택에 개선이 필요해 보인다.

언제부터인가 '번아웃 증후군'이라는 용어를 사용하기 시작했다. 미국 정신분석가 프로이덴버거가 처음 사용한 용어라고 한다. 한 가지 일에 몰두하던 사람이 정신적 육체적으로 극도의 피로를 느끼고 이로 인해 무기력증, 자기혐오, 직무 거부 등에 빠지는 증상을 말한다고 한다. 현대 사회는 장시간 그리고 강도 높은 노동을 하는 일이 빈번하기 때문에 이런 증상을 부추기기도 한다.

직무 스트레스와 피로에 장기간 노출되면 신체적 정신적 에너지 소모가 빨라지고 결국 무기력, 삶의 의미 상실 등으로 이어진다는 연구결과도 있다. 세계보건기구(WHO)는 번아웃 증후군을 만성적 직장 스트레스 증후군이라 하고 직업 관련 증상의 하나로 분류했다고 한다. 그러한 직업 중에 경찰을 빼놓을 수 없을 것 같다.

우리나라 직장인 세 명 중 두 명은 경험한다는 번아웃 증후군 증상들로는 다음과 같다. (네이버 지식백과, 상식으로 보는 세상의 법칙)

1. 기력이 없고 쇠약해진 느낌이 든다.

2. 쉽게 짜증나고 노여움이 솟는다.

3. 하는 일이 부질없어 보이는데 그래도 일은 묵묵히 해내는 모순적인 상태가 지속되다가 어느 순간 또 무너져버린다.

4. 만성 두통에 시달린다.

5. 감정의 소진이 심해 '우울하다'고 표현하기 힘들 정도로 에너지 고갈 상태를 보인다.

이 중 몇 가지가 해당되는지 보자. 그러면 극복하는 방법은 무엇일까?

첫째는 혼자 고민하지 말고 지인이나 친구나 동료에게 상담을 요청하라고 한다. 나도 업무로 지쳤을 때 확실히 선배나 후배와 이야기를 하면 한결 기분이 나아지는 것을 경험했다. 주변 지인들과 자주 소통하면 스트레스가 해소될 수 있다.

두 번째는 업무 시간 내에 일을 끝마치고 집에 오면 일 생각은 던져버려야 한다. 그리고 운동이나 취미생활로 휴식을 취하라고 한다. 운동은 많은 부분에서 긍정적인 효과가 있는 것 같다. 그래서 경찰관들이 스트레스 해소 차원에서 운동을 많이 하는 것 같다.

일이 힘들 때 사람들과 대화하고 수다 떠는 것만으로도 스트레스가 풀린다. 큰 소리로 웃는 것도 도움이 되는데 사회나 조직문화상 그러기 쉽지 않다. 나는 원래 웃을 때 목소리가 크다. 웃다가 목소리가 커서 스스로 입을 막기도 했다.

웃음은 보약이라는 말이 있다. 웃으면서 일하면 번아웃 증후군도 사라지고 행복하지 않을까? 경찰이 행복하려면 직장 내에서 행복해야 한다. 그래야 국민에게 양질의 서비스로 돌아간다고 생각한다.

04

나는 글쓰기로
나를 동기부여하는
삶을 살고 있다

　나는 어렸을 때부터 책 읽는 것은 좋아했지만 일기 외에 독후감 같은 글쓰기는 싫었다. 그래서 장래희망에 작가라는 꿈은 들어가 있지도 않고 생각도 못해봤다. 성인이 되고 소설이 아닌 에세이, 자기계발서 등 다른 분야의 책을 읽으면서 '나도 이렇게 글을 잘 써봤으면.' 하는 생각이 들기 시작했다.

　특히 고미숙, 김미경, 곽정은, 임경선, 김애리 등 여성작가의 책을 읽으면서 그랬던 것 같다. 아무래도 같은 여자다 보니 느끼는 감정선이 비슷해서 그럴까? 언니가 조언해주는 느낌이었다.

"공부는 여자 삶의 방공호다. 확실한 것은 아무것도 없는 불확실성의 세계. 우리를 지켜줄 수 있는 것은 아무것도 없다. 직장도 직업도 부모도 남자도. 각자의 꿈을 실현해줄 수 있는 유일한 사람은 자신뿐이다. 공부는 우리 삶의 방공호이자 성공의 지렛대다."

내가 스물다섯 살 때 김애리 작가의 『여자에게 공부가 필요할 때』를 읽고 필사한 부분이다. 이 문구는 지금도 나에게 여전히 유효하다. 나이가 들수록 '공부는 평생 해야 한다'는 생각이 점점 굳어진다. 책을 좋아하는 사람들의 공통점일지도 모르겠다. 독서하다 좋은 문구를 발견하면 암송하거나 노트에 기록해둔다. 나도 책을 읽으면서 그냥 넘어가기 아쉬워 작은 수첩에 적어놓곤 했다. 그리고 그 아래 내 생각을 적는 등 느낀 점도 기록했다. 돌이켜보면 필사하고 내 생각을 적는 행위가 동기부여로 이어진 게 아닌가라는 생각이 든다.

직장 내 독서모임을 통해 내가 금융문맹임을 깨닫고 돌아보게 되면서 손에 든 책이 있었다. 하브 에커의 『백만장자 시크릿』이다. 많은 동기부여, 자기계발 서적들을 읽었지만 지침을 제대로 실천해본 적이 없었다. 그랬다면 벌써 제2외국어 하나쯤은 구사하고 있었을 것이다.

'원래 부잣집에서 태어났겠지, 역시 SKY나왔네, 똑똑해서 성공한 거야, 사람이 보통 독한 게 아니네, 내가 어떻게 할 수 있겠어?' 등 애초부터 부정하며 불가능하다는 생각이 기저에 깔려 있었다. 그런데 책을 읽고 책에서 말하는 지침대로 행동을 했다.

"어느 분야에서 대단히 성공한 사람에게(개인적으로 아는 사람이 아니어도 된다.) 편지나 이메일을 보내라. 그들의 성취에 대한 감탄과 존경이 담긴 내용으로."

저자가 말하는 행동지침 여섯 번째였다. 내 처지에 대해 현타가 왔고 힘들었던 시기였다. 당시에 나는 김태광 작가님의 유튜브 영상을 보고 동기부여를 받으며 지내왔다. 의식확장과 동기부여 관련 영상을 제작해 올리는 김태광 작가는 자수성가의 대명사다. 가정형편이 좋지 않았다. 작가가 되기 위해 7년 동안 글을 썼지만 출판사들로부터 500번 이상 거절을 당했다. 보통은 포기할 법하지만 계속 글을 써나갔고 현재까지 100권 이상의 책을 출간했다.

나보다 훨씬 최악의 상황에서 작가가 되기 위해 수많은 역경을 이겨내고 꿈을 이루어나간 작가님이 대단했다. 작가님을 알지도 못하지만 작가님의 책을 읽으며 내적으로 도움을 받고 있는 독자로서 감사의 메일을 보내고 싶었다. 감사 메일 한 통으로 나는 경찰관이자 작가라는 부캐를 얻게 되었다.

나는 2021년에 『현직경찰관이 알려주는 학교폭력대처법』을 출간했다. 책만 읽는 독자에서 책을 쓰는 저자로 위치가 바뀌었다. 책만 읽는 것도 나에게는 큰 힘이 되는 일인데 책을 출간한 작가가 되었다는 사실이 실감이 안 났다.

그런데 출간 사실을 지인들에게 알리고 난 후부터 체감하기 시작했다. 주변에서 "이 작가!", "이 작가님~"이라고 부르는 것이었다. 매번 "이 경장", "이 경장님~"이라고 듣다가 작가라고 하니 어색하고 쑥쓰러웠다.

체질적으로 남들에게 내 사생활을 노출하는 것을 달가워하지 않는다. 페이스북 계정도 업무상 필요해서 만들었을 뿐이었다. 가끔 지인의 핸드폰으로 다른 사람들의 인스타그램 피드를 보고 있으면 왠지 나도 모르게 비교하게 되고 SNS속 사람들은 모두 잘나 보였다. 하지만 이제는 예전과 다르게 생각이 바뀌었다.

책은 독자가 읽어주지 않으면 내용이 아무리 좋아도 무용지물이다. 나는 좀 더 많은 사람들에게 알리기 위해 인스타그램을 시작했다. 서평단 모집을 통해 어른들이 학교폭력에 대해 생각해볼 수 있는 계기가 되기를 바랐다.

작가가 되어 누군가 나를 칭찬해주고 인정해주는 것이 좋았다. 하지만 다른 무엇보다 글을 쓰고 얻은 외적 · 내적 수확이 있었다.

첫째, 결과물로 책을 얻었다.

'호랑이는 죽어서 가죽을 남기고 사람은 죽어서 이름을 남긴다'는 말이 있다. 내 이름으로 된 책이 세상에 나왔다고 생각하니 내심 뿌듯했다. 책을 출간하면 ISBN(국제표준도서번호)이라는 고유의 도서번호가 생성되고 국립중앙도서관에 납본 후 보존된다. 책을 남길 수 있게 되었다.

둘째, 글 쓰면서 생각과 지식이 정리되었다.

파편적으로 알고 있는 지식들을 책으로 엮어 내려면 한데 모아 맥락을 잡고 수정하는 절차를 거쳐야 한다. 그러면서 생각을 정리하고 알고 있는 지식도 더 정확하게 알게 되어 업무에 더 도움을 줄 수 있을 것 같았다.

셋째, 비전과 목표의식이 좀 더 강해지게 되었다. 책을 쓰기 전까지는 내가 앞으로 어떻게 살아야 할지, 무엇을 더 해야 할지 몰라 방황했다. 이제는 내가 해야 할 것들이 눈앞에 그려지기 시작했다.

넷째, SNS를 통해 또 다른 세상을 배웠다. 다양한 직업을 가진 사람들과 소통하며 인식이 넓어지게 되고 동기부여를 받게 되었다.

한 권의 책이 나오기까지 수십 권의 책을 읽었고 수많은 생각들을 정리했다. 그 과정이 녹록지는 않았다. 마감일을 지키는 일은 생각보다 힘겨웠다. 업무를 마치고 퇴근 후 글을 쓸 때면 잠을 이기기가 무척 힘들었다. 나 자신과의 처절한 싸움이었다. 지나고 보니 쏜살같이 지나간 시간이었다. 그리고 행복했던 시간이었다. 스스로 원해서 했기 때문에 불평할 수 없었고 더 열심히 했다. 자아를 찾기 위한 과정이었기에 소중하다.

앞으로도 나는 글을 어떤 방식으로든 계속 써갈 것이다. 글쓰기가 내적인 힘을 키워주는 것을 알기에 멈추지 못할 것 같다.

05

버려야
얻을 수 있는 것

"행복의 90%는 인간관계에 달려 있다."

철학자 키르케고르의 말이다. 생각해보면 고개를 끄덕이게 되는 문구다. 가족 간 불화가 생기거나 애인과 싸웠을 때, 직장 동료와 마찰이 생겼을 때 등 사람 사이에 갈등이 생기면 그 일이 온종일 머릿속에 떠올라 일이 손에 잡히지 않고 잠을 잘 못자기도 한다. 괴로워하며 행복감을 느낄 수 없게 된다.

신임 때 크게 마음의 상처를 받은 적이 있었다. 초임 지구대에서 근무할 때였다. 처음 직장생활을 시작한 곳에서 만난 동료들은 신임인 나에게 친절하게 대해주었다. 모르는 것도 잘 알려주고 까칠한 분들도 없어서 선배들에게 정감이 생겼다. 사람들을 믿었기 때문에 속내를 털어놓기도 했다.

그러던 어느 날 A선배가 나에게 B선배가 나에 대한 이야기를 다른 직원들에게 했다고 전해주었다. 나는 순간 뒤통수를 얻어맞은 것 같았다. 'B선배에게 내가 한 말들이 어떻게 A선배를 통해 들어갔을까?' 꼬리를 물어 경로를 따져가고 싶었지만 그러지 않았다.

B선배에게 내가 질투의 대상이었다. 앞에서는 위해주고 친한 척 했지만 본심은 아니었다는 것을 알게 되니 배신감이 들었다. 뒷담화 내용은 내가 선배들에게 붙임성 있고 싹싹하게 잘하다 보니 선배들이 예뻐했고 나에 대해 칭찬하는 말을 들었던 것이다. 결국 자신과 비교를 하고 자격지심에 남들에게 나에 대한 말들을 하고 다녔던 것이다.

'사람을 쉽게 믿은 내가 순진했던 것일까? 믿을 사람 하나 없네.'

이 일이 있고 나서 나의 직장생활 제1철칙은 '믿을 만한 사람 아니고서는 함부로 내 속내를 다른 사람들에게 말하지 말자.'가 되어버렸다. 그 후에도 들려오는 나에 대한 이야기들은 그들의 시기, 질투심 때문이라고 생각해버렸다. 내가 부러워서 그런 거라고. 남들이 그렇게 생각하건 말건 나는 남에게 폐 끼치지 않고 소신껏 생활하면 되는 거다.

"질투는 자신감 부족에서 비롯된다. 질투란 다른 사람의 손아귀에 잡힌 행동일 따름이다. 질투를 하면 다른 사람의 행동 때문에 내 기분이 엉망이 되기도 한다. 진정으로 자신을 사랑할 줄 아는 사람은 질투를 택하지 않는다."

심리학자 웨인 다이어의 말이다. 시기, 질투의 감정은 사람이라면 충분히 느낄 수 있는 감정이다. 사랑받고 싶다는 표현이기도 하다. 남의 말에 자신의 감정이 휘둘리기보다 자신의 내면을 돌아보

고 자신을 사랑한다면 남들에게 다른 사람의 말을 전할 필요도 없
지 않을까?

　이제는 내 주변에 좋은 사람들만 남았다. 서로 응원해주고 격려
해주는 선·후배, 동기들이 있어 든든하다.
　여경 선·후배로 모인 H모임이 있다. 좋은 일이 있을 때나 슬픈
일이 있을 때나 서로 위로해주고 격려해준다. 만나면 시간 가는 줄
도 모르고 재미있다.

　"우리는 서로 자기 이야기하느라 바빠서 남들 이야기할 틈이 없
어."라며 우스갯소리를 한다. 우리들 일상 이야기로도 충분히 즐
겁고 행복하다.

　청에서 만난 선배들과의 모임 자리에서 Y선배가 말했다.

　"여기서 한 이야기는 밖에 안 나가서 좋아."
　다들 입이 무겁고 남 이야기를 할 필요성도 느끼지 않아서 그렇

다. 모임에서는 책도 읽고 서로 간 발전적인 대화를 나누려고 한다. 대화를 나누다 보면 모르던 것을 깨우치는 경우가 있어 모임이 기대가 된다. 대화 중에 인간관계에 대한 이야기가 나왔다.

"일이 많으면 힘들어도 어떻게든 하게 되는데, 인간관계는 진짜 어려운 것 같아."

"맞아요."

"네, 저는 사람들이 모여서 거짓 소문내서 힘들었던 적이 있었어요."

이구동성으로 동의하는 부분이다. 가만 보면 못난 사람이 시기, 질투의 대상이 되지 않는다. 남들보다 업무능력이 뛰어나거나 윗분들에게 예쁨을 받거나 심사로 승진이 됐을 때 주로 뒷말이 나오는 경우가 있다. 사정은 모르고 한쪽 편에 서서 근거 없는 소문을 낸다. 은근히 따돌리거나 매도하기도 한다.

뒷담화 잘하는 사람들은 남들 눈에도 좋게 보이지 않는다. 앞에서는 친한 척하지만 속마음은 서로 간 불신이다. 그런 사람들은 인간관계에서 일단 거르고 봐야 한다. 자신은 잘난 거 하나 없으면서 뒤에서 남들 잘나가는 것에 대해 욕을 한다. 그들에게 말해주고 싶다.

"너.나. 잘하세요."

사람에게 받은 상처는 사람에게 치유된다고 한다. 인간관계는 뜻이 맞는 사람들과 소통해야 한다. 그리고 긍정이 가득 찬 사람들로 채워야 한다. 그래야 나도 긍정적인 영향을 받는다. 기분을 언짢게 하고 부정적인 사람들은 거리를 둘 필요가 있다. 그래야 좋은 사람이 들어올 자리가 생기는 것 같다. 나는 지금 좋은 사람들과 풍요로운 삶을 살고 있다.

『일득록』에는 다음과 같은 문구가 있다.

"뜻 있는 사람과 말하는 게 풍악을 즐기는 것보다 나으며, 뜻 있는 글을 읽는 게 보물을 가지는 것보다 나으며, 뜻 있는 일을 하는 게 의복과 음식을 차리는 것보다 낫다."

공부할 때 필사노트에 적어놓았던 문구다. 성인의 지혜는 지금을 사는 현대사회에서도 유효하다는 것을 다시금 깨닫는다.

06

고정관념과 이별해야
내가 성장한다

습관과 관련된 책들에서 말하는 것은 변하기 위한 행동을 이끄는 것이다. 자기 자신에게 변화를 준다는 것은 자신의 고정관념을 깨기 위한 행동으로 볼 수 있다. 고정관념은 살고 있는 나라, 지역, 인종, 가정환경 등 외부상황에 따라 자연스럽게 형성된다.

"나는 나이가 너무 많아서 할 수 없어."

"나는 숫자에 정말 약해, 수학을 못해."

"나 운동 신경 정말 없어, 나 몸치야."

"나는 성질이 급하고 좀 예민해."

"내 몸은 뚱뚱하고 볼품없어."

이렇게 나를 단정하는 말들이 고착화되어 고정관념이 형성된다. 따라서 바뀌기 어렵고 스스로 한계를 그으며 변화를 회피하기도 한다.

나는 학창시절에 작문을 좋아하지 않았다. 일기나 독후감은 쓰라고 해서 썼지만 글쓰기에 관심이 없었고 글을 잘 못쓴다고 생각했다. 그런데 책을 읽다 보니 책을 쓴 저자들에게 관심이 생겼고 나도 잘 쓰고 싶다는 생각을 하게 됐다.

글을 쓸 수 있는 기회가 왔을 때 '내가 무슨 글을 써', '나 글 잘 못 쓰는데.'라고 단정하고 시도조차 안했더라면 내 이름으로 된 책이 세상에 나오지 않았을 것이다. 글을 쓰려는 노력을 회피하지 않았기 때문에 얻은 결과물이었다.

사람들은 특히 스포츠, 연기, 춤, 요리, 그림 등 기술 분야에서 잘 하고 싶지만 못한다고 생각하고 지레 포기해버린다. TV에 나오는 유명한 운동선수나 댄서, 가수를 보면서 그들이 가진 능력을 부러워한다.

'나도 잘했으면 좋겠다'는 생각을 갖고 있지만 '저 사람들은 그게 직업이잖아, 종일 운동만 할 텐데, 내가 1~2시간 한다고 비교가 될까?'라며 하고 싶은 의욕을 누르고 만다.

요리를 예로 들면 나는 식구들과 같이 살 때 음식을 한 적이 없었다. 엄마가 직장에 다니시니 할머니가 가사 일을 도맡아 하셨다. 내가 음식을 만들 일이 없었다. 환경에 따른 요인도 있었고 중요한 건 요리에 관심이 없었다. 그래서 막연히 나는 음식을 할 줄 모르고 해도 맛이 없을 것이라고만 생각했다.

그런데 독립을 하고부터 반찬을 직접 만들어서 먹어야겠다는 생각이 들었다. 요즘은 TV에 먹방 프로그램이 많이 나온다. 유튜브만 검색해도 백선생 레시피 등 다양한 사람의 요리법을 접할 수 있다.

영상을 보며 찌개류, 반찬을 직접 따라서 만들어보았다. 생각보다 맛있어서 놀랐다. 잘 못할 줄 알았는데 어렵지 않았다. 해보니 자신감이 생겼다. 시간 없다는 핑계로 잘 안 해먹어서 그렇지 만들면 맛이 있었다. '내가 엄마 음식 솜씨 닮아서 그런가? 맛있네.'라며 자찬을 하기도 했다.

해보고 싶은 것을 시도해보면 후회는 없다. 경험해 보았기 때문에 잘 안되더라도 미련 없이 포기할 수 있다. 잘 맞는다면 내 직업이 될 수 있고 주특기가 될지도 모른다.

앞 장에서 언급했던 여경 선배도 운동으로 기초 체력을 만든 후 나서 용기를 내서 피트니스 대회에 나가지 않았더라면 그랑프리를 거머쥐지도 못했을 뿐더러 사람들에게 운동으로 동기부여해주며 서로 성장하는 삶을 살아갈 수 없었을지도 모른다.

피해자 조사 업무를 하고 있는 수사관인 동기는 평소 말주변이 별로 없다. 그래서 일을 하기 전에 걱정이 많았다. '내가 조사를 잘 받을 수 있을까?'라는 걱정과 함께 라포형성은 당연히 못 할 거라는 고정관념을 갖고 있었다.

처음 보는 피해자들과 이야기를 나누며 공감대를 형성하기 시작하니 의외로 일이 쉽게 풀리는 경험을 했고 자신이 할 수 있는 분야라는 점을 알게 되었다. 자신이 위로와 공감을 줄 수 있는 피해자조사 업무를 하고 있는 것에 대해 이제는 뿌듯하고 보람 있다고 한다.

한편 직장에서 연차가 쌓이면서 업무 노하우(knowhow)가 생긴다. 노하우가 고정관념으로 변질되면 안일한 업무처리로 연결될수 있다.

'설마, 피의자가 도주하겠어, 내가 하는 방식이 옳아, 신임이 뭘알아, ○○가 맞아, ○○가 틀렸어' 등 기존에 하던 것처럼 자칫 관행대로 업무처리를 하게 되면 언론보도가 되는 등 크게 사건화될수 있다.

인지부조화에 대한 개념을 제시한 미국 사회심리학자 레온 페스팅거는 사람들이 집단 구성원들과 자신의 생각, 태도, 신념 등을 비교한다고 한다. 의견 차이가 클수록 불편감을 경험하며 집단과의 일치성을 위하여 자신의 생각과 비슷해지도록 타인을 설득하거나 자신이 생각을 바꾸는 경향을 보인다고 한다.

"사람들은 돈을 좋아하면서도 정작 돈을 좋아한다고 말하기를 꺼린다."

사람들은 돈을 좋아하지만 사회적, 문화적 정서상 드러내놓고 말하기 민망해한다. 예나 지금이나 돈이 없으면 의식주 해결이 안 된다. 살아가는 데 필수적인 돈을 이야기하면 속물이 된다. 이것도 일종의 고정관념이다.

스스로 만족감을 얻기 위해 자기계발을 하며 변화를 시도하기는 하지만 자기계발을 해서 돈을 벌 수 있다는 생각을 잘 못한다. 자신이 잘 하는 것을 유튜브나 인스타에 올려서 수익을 올리는 사람들도 많다. 생각을 유연하게 할 필요가 있다.

　미국 심리학자 윌리엄 제임스는 "절대적으로 공공연하고 보편적
관점은 존재하지 않는다."라고 했다. 관점이 중요성을 역설하지만
절대적이고 보편적인 관점은 아니라고 한다. 즉, 관점에 정답이 없
다는 말이다.

　나를 지배하고 있는 고정관념을 알아차리고 내려놓으면 잠재력
이 드러나게 된다. 그리고 삶이 어떻게 바뀔지 기대해보자. 성장해
있는 나를 발견할 것이다.

07

나의 리즈 시절은
이제부터 시작이다

수험공부를 했던 20대 중반부터 30대 중반까지 10년 동안 길고 어두운 터널을 지나온 것 같았다. 이렇게 표현하는 이유는 결과로 보면 내가 목표한 공무원 시험에 합격하기까지 걸린 시간이 남들에 비해 너무나 길었기 때문이었다. 사법고시도 아니고 제일 낮은 급수의 공무원 공개채용시험을 10년 동안 봤다는 것은 나에게 흑역사라고 봐도 무방했다. 하지만 그 시간들이 없었다면 지금의 나도 없었을 것이다.

지나고 보니 이상희라는 사람의 자아가 한 단계 성숙해지는 시기였다. 잔병치레로 인해 아까운 시간이 흘러갔지만 좀 더 건강에 신경 쓰게 되었다. 지적욕구를 채우기 위해 책을 읽으며 세계 사람(작가)들의 생각과 가치관을 흡수하다 보니 편협한 생각에서 벗어나 좀 더 관대해지고 포용력을 기르게 되었다.

나름 돌파구를 찾기 위해 다른 일들을 했지만 시행착오를 겪으며 다시 공부하기로 마음을 먹고 집중했다. 그 결과 합격이라는 열매를 맺었다. 그러고 보면 10년의 시간이 헛된 것은 아니었다. 나에게 끈기와 인내심이라는 강점을 발견한 시기였다.

지금 내 옆에 이제 막 공부를 시작했든, 몇 년이 됐든 공무원 수험생이 있다면 다음과 같이 말해주고 싶다.

"너는 지금 최선을 다해 열심히 공부하고 있지? 빠른 시일 내 합격이라는 결과가 주어진다면 더 없이 좋겠지만 그렇지 않다 하더라도 너무 낙담하지 않았으면 좋겠어. 다음 시험이 있잖아? 만약,

여러 차례 시험을 봤는데도 결과가 좋지 않다면 그때 가서 다른 선택을 해도 돼. 평상시 지내오면서 해보고 싶은 일이 있었다거나 흥미나 관심이 가는 일이 있다면 꼭! 경험해보라고 말해주고 싶어. 어느 누구도 너만큼 너에 대해 잘 아는 사람은 없거든. 남과 비교하지 말고 너만의 속도로 나아가 봐. 경험과 시행착오를 통해 너 자신을 알아 가게 될 거야."

20대에 내적탐구생활을 했다면 30대에는 직장탐구생활로 연차가 쌓여간 시기였다. 8년 차 직장생활을 하며 업무를 배우고 익혔다. 직장 동료들과 관계를 맺으면서 조직사회에 대해 알게 된 시기다.

아동청소년 업무를 하면서 내가 하는 일에 보람을 느끼기 시작했다. 적성에 맞는 일을 찾았기 때문일까. 처음으로 조직에 정착하려는 마음이 이때부터 생기기 시작했다. 부모-자식, 교사-학생, 교사-학부모 간 발생하는 문제들을 보며 관계의 중요성을 알았고 일을 하며 보람을 느끼기도 했다.

열심히 일하는 직장인들에게 느닷없이 찾아오는 슬럼프. 나도 피해갈 수는 없었다. 늘 하던 대로 변함없는 일상을 살고 있는 나를 보았다. 어느 순간 절박함과 불안감까지 엄습했다. '앞으로 나는 어떻게 살아야 하는가?'에 대한 고민을 시작했다. 갈구했더니 하늘이 응답한 것일까. 책 쓰기에 도전했더니 예상치 못했던 글쓰기 능력을 발견했다. 30대는 이렇게 나에게 적성과 재능을 발견하게 해준 시기였다.

직장을 다니는 사회초년생들에게 어떤 말을 해줄 수 있을까?

"합격하기까지 참 고생 많았어. 그런데 막상 들어와 보니 직장생활이 녹록지 않지? 처음에 누구나 다 힘든 과정을 겪게 돼. 하지만 힘들더라도 일단 버텨봤으면 좋겠어. 또 다시 나를 알아갈 수 있게 되거든. 네가 근무해보고 싶은 부서가 있다면 적극적으로 들어갈 수 있는 방법을 찾아봐. 꼭 들어가서 경험해보면 좋겠어. 일하다가 모르는 게 있다면 창피한 게 아니니까 주저하지 말고 물어보고 배우면 돼. 처음에는 모르는 게 당연하니까. 직장 내 인간관계로 힘들다면 혼자 끙끙대지 말고 믿을 만한 선·후배에게 터놓아도 괜찮아. 이야기하다 보면 해결책이 나오는 경우도 있거든. 그리고 일 외에도 꼭 운동이나 취미생활, 자기계발을 하면 좋겠어. 인생이 훨씬 풍요로워질 거야."

30세 이립(而立)을 지나 이제 40세 불혹(不惑)의 나이다. 공자는 마흔 살부터 세상에 미혹되지 않았다고 하는데 나는 앞으로 어떤 인생을 살아가야 할까?

나는 일하면서 남을 도와준다는 느낌을 받았을 때 보람을 느꼈다. 범죄를 예방하고 범인을 검거하는 일은 피해자가 생기는 것을 방지한다. 피해자가 생겼을 때는 가해자를 처벌하고 피해 회복을 도와준다. 시민, 더 나아가 국민의 생명과 안전을 보호하는 경찰관은 남을 도와주는 일을 함으로써 보람을 느낄 수밖에 없다.

티베트 승려 달라이 라마는 말했다.

"남을 돕는다고 하면 보통 자신을 희생해야 한다고 생각하지만, 그렇지 않다. 남을 도울 때 가장 덕을 보는 것은 자기 자신이고, 최고의 행복을 얻는 것도 자기 자신이다. 그러므로 행복한 삶으로 가는 최선의 길은 남을 돕는 것이다. 이것이 진정한 지혜다."

내가 첫 번째 책을 출간한 이유는 나의 가능성과 잠재력을 알아가고자 시도한 부분도 있었지만 내 경험과 지식을 더 많은 사람들에게 알려 도움을 주고 싶었기 때문이었다. 학교폭력 문제가 이슈가 될 때만 관심 갖지 말고 평상시 자녀와 대화를 많이 하고 항상 주의 깊게 살펴보고 폭력을 미연에 방지하려는 목적으로 집필했다.

출간 후 오랜만에 강의를 하면서 열정이 되살아나는 듯했다. 학교폭력에 대해 모르는 사람들에게 지식을 전달하는 일이 뿌듯했다. 도움을 줄 수 있다는 게 행복했다.

리즈 시절이란 외모나 인기, 혹은 실력이 절정에 올라 한 사람의 인생에 있어 가장 좋은 시기라고 한다. 나에게 리즈 시절은 20

대 초반이라고 생각했다. 매스컴에 연예인들 리즈 시절이 나오면 10대 후반이나 20대 때다. 미모가 절정에 이른 시기의 모습을 보여줘서 그런 생각을 했던 것 같다. 실제로 20대 초반 때 찍은 나와 친구들의 사진을 보면 외적으로 성숙미가 물씬 풍겼다. 우리끼리 그때를 회상하며 서로 '레전드 시절'이라고 말하기도 했다.

그런데 외모만으로 인생의 황금기를 판단하는 것은 편견이었다. 소설가, 배우, 각 분야의 전문가 등 마흔이 넘어 인생의 황금기를 사는 사람들은 무수히 많다. 외모가 아니라 실력으로 자신의 능력을 마음껏 뽐내며 살아간다.

나는 앞으로 내가 배운 경험과 지식을 지혜로 만들고 많은 사람들에게 도움을 줄 것이다. 고민과 걱정으로 방황하는 수험생들에게 조언을 해주고 사회 초년생들에게 용기와 희망을 주는 '성장하는 멘토'의 역할도 해보려고 한다. 다른 사람의 성장을 도우면서 나도 성장하게 된다. 이게 나의 소명인지도 모른다. 나의 리즈 시절은 이제부터 시작이다!